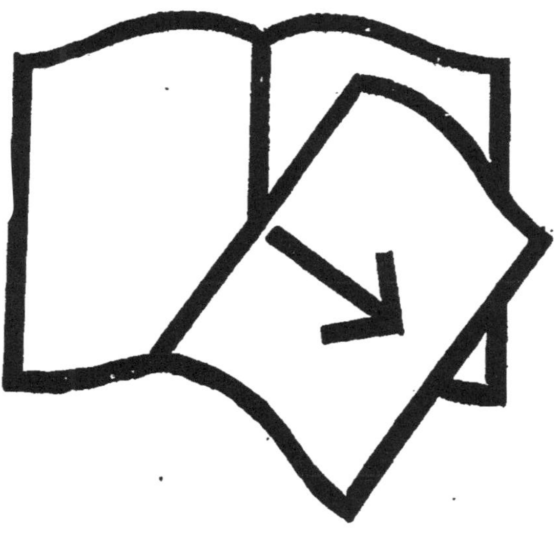

Couvertures supérieure et inférieure manquantes

TOUTES LES CARTES SONT EN COULEUR

LA DÉCOUVERTE DU BASSIN HYDROGRAPHIQUE

DE LA

TUNISIE CENTRALE

ET

L'EMPLACEMENT DE L'ANCIEN LAC TRITON

(ANCIENNE MER INTÉRIEURE D'AFRIQUE).

TYPOGRAPHIE FIRMIN-DIDOT. — MESNIL (EURE).

LA DÉCOUVERTE DU BASSIN HYDROGRAPHIQUE

DE LA

TUNISIE CENTRALE

ET L'EMPLACEMENT DE

L'ANCIEN LAC TRITON

(ANCIENNE MER INTÉRIEURE D'AFRIQUE),

PAR

LE DOCTEUR ROUIRE,

Médecin-Major, Membre de la Mission de l'Exploration scientifique de Tunisie.

AVEC 9 CARTES.

PARIS

CHALLAMEL AINÉ, ÉDITEUR

LIBRAIRIE ALGÉRIENNE, COLONIALE ET MARITIME

5, RUE JACOB, ET RUE FURSTENBERG, 2

1887

A

M. J. GRÉVY,

PRÉSIDENT DE LA RÉPUBLIQUE FRANÇAISE.

Monsieur le Président,

Exploration scientifique, amélioration des choses et des hommes, voilà ce qui caractérisera dans l'histoire le Protectorat de la Tunisie par la France. Contribuer à la réalisation de ce noble programme, tel a été le but patriotique de mes études sur la Régence.

C'est ce qui m'encourage à oser demander au chef de l'État de vouloir bien accepter la dédicace de ce volume.

ROUIRE.

A

MONSIEUR LE GÉNÉRAL DE DIVISION

SAUSSIER,

ANCIEN GÉNÉRAL EN CHEF DES ARMÉES D'ALGÉRIE ET DE TUNISIE,
GOUVERNEUR MILITAIRE DE PARIS.

Monsieur le Gouverneur,

Au commencement du siècle, un savant allemand, Mannert, constatant l'ignorance absolue où nous nous trouvions de la géographie physique de la Tunisie et de la géographie ancienne de cette contrée, disait :

« Un jour viendra où l'on connaîtra mieux « ce qui est resté debout. Tôt ou tard, une na- « tion européenne étendra ses conquêtes dans « ces plages lointaines; alors seulement, on « pourra établir la géographie ancienne de ces « contrées. »

Grâce à vous, le jour est venu, et la prédiction de Mannert s'est vérifiée; seulement, ce n'est pas à l'Allemagne qu'est échue la noble mission dont parlait Mannert.

La France a fait de cette partie de l'Afrique son domaine. Général en chef de l'armée de Tunisie, vous avez conquis ce pays. Vous l'avez ouvert à la science.

A ce titre seul, la science reconnaissante vous devait l'hommage du premier ouvrage scientifique sur la Tunisie paru depuis l'expédition française. Mais à cette obligation rigoureuse se joint pour moi, qui ose mettre ce livre sous votre haut patronage, un autre sentiment bien doux, celui de pouvoir exprimer ici ma profonde reconnaissance envers l'homme qui, au début d'études pénibles, voulut bien s'intéresser à l'œuvre, et qui, depuis, n'a jamais cessé de la soutenir de sa constante bienveillance.

J'ai l'honneur d'être,

Monsieur le Gouverneur,

Votre très respectueux et très reconnaissant serviteur.

ROUIRE.

PRÉFACE.

Les études résumées dans cet ouvrage ont heurté, au début, les idées universellement reçues dans le monde archéologique, en France, en Angleterre, en Allemagne et en Italie. Elles ont non moins surpris le monde géographique. La découverte, en pleine Tunisie, d'un nouveau bassin hydrographique dont la surface est égale, sinon supérieure, à la surface occupée sur le sol tunisien par le bassin de la Medjerdah, était bien faite pour étonner ceux qui, en Europe et en Algérie, croyaient que dans le bassin méditerranéen il n'y avait plus de place pour une grande découverte géographique. D'autre part, l'assimilation du fleuve récemment découvert au fleuve antique du Triton, devait déconcerter les archéologues qui ne pouvaient connaître le pays nouveau auquel j'adaptais les données des géographes grecs et latins. La « question » de l'emplacement de ce qu'on appelait l'ancienne baie ou mer du Triton, ou bien encore l'ancienne mer intérieure d'Afrique était entrée d'ailleurs, au moment même où je publiai mes études premières, dans une phase critique. L'assimilation qu'on avait voulu faire entre cet ancien bras de mer et les chotts actuels, soutenue vivement par les archéologues et même regardée par eux comme une vérité indiscutable, était non moins vivement combattue et déclarée à priori inacceptable par les géologues, les ingénieurs, divers explorateurs, en un mot, par tous ceux que la nature particulière de leurs études portait à attacher plus d'importance aux données fournies par la configuration générale et la constitution géologique du sol, qu'aux renseignements contenus dans les écrits des anciens géographes et des anciens historiens. Enfin, la discussion venait de prendre une animation nouvelle à la suite de l'apparition du « projet de Mer Intérieure, » projet qui n'était au fond que la reconstitution de l'antique mer du Triton, comme le faisait ressortir d'ailleurs son auteur lui-même.

En 1883, le monde scientifique se trouvait partagé en deux camps, celui des partisans, celui des adversaires du projet Roudaire.

Or, mes études venaient à la fois donner raison aux géologues qui protestaient contre l'assimilation des chotts à l'ancienne baie du Triton, et aussi satisfaction aux archéologues qui, les textes en mains, soutenaient envers et contre tous l'existence en Tunisie d'une ancienne baie ou golfe communiquant avec la mer. Néanmoins, diverses objections à la thèse de l'assimilation du fleuve Triton et du nouveau fleuve tunisien furent soulevées dans le camp des archéologues et des partisans du projet de mer intérieure. Ces objections furent condensées par le colonel Roudaire dans l'étude (1) où il cherchait à combattre mes conclusions ainsi que celles de MM. Fuchs et Pomel. La discussion prit ainsi une ampleur considérable. Le débat fut successivement porté devant l'Académie des Inscriptions, l'Académie des Sciences, le Congrès de Sociétés savantes, et l'Association française pour l'avancement des sciences. Mais, en raison même de la généralisation de la discussion, les documents qui s'y rapportaient se trouvèrent disséminés dans une série de revues et de comptes rendus. D'autre part, la thèse même que je soutenais était à certains égards incomplète. La découverte du bassin hydrographique de la Tunisie centrale nous donnait, en réalité, non seulement la solution de l'énigme du Triton, mais aussi la solution de la plupart des énigmes que présentait encore la géographie comparée de la Byzacène et de la Cyrénaïque. Enfin, quelques-unes des données anciennes ne me paraissaient pas suffisamment correspondre aux indications topographiques de la contrée, telle que nous la connaissions alors. Ce n'était

(1) *Nouvelle Revue*, 1er mai 1884 : « L'ancienne baie du Triton et le projet de mer intérieure. »

pour ainsi dire qu'en courant que j'avais pu prendre quelques notes lorsque, au cours de l'expédition de Tunisie, la colonne commandée par le colonel Moulin et à laquelle j'étais attaché eut la bonne fortune d'être envoyée en reconnaissance dans la région de Kelbiah. Plus tard, mon long séjour à Sidi-el-Hani (1) ne contribua guère à augmenter les connaissances que je possédais sur le littoral de Hammamet, et ce ne fut que grâce aux indications contenues dans les cartes du Dépôt de la guerre que je parvins, textes en mains, à proposer un système d'adaptation rationnel.

En 1883, alors que nous ne possédions aucune donnée sur les diverses altitudes du lac Kelbiah et de la région avoisinante, j'avais pu croire que le lac Kelliat, réuni à la sebkha maritime Halk-el-Mengel avait communiqué avec la mer à l'époque historique. J'avais été amené à admettre cette communication, par l'impossibilité où j'étais de trouver sur les cartes anciennes une nappe d'eau quelconque, dont les dimensions pussent correspondre aux dimensions assignées par les anciens au lac Triton. Mais de nouvelles cartes, dressées sous la direction du colonel Perrier vinrent éveiller mes scrupules. Ces cartes indiquaient, au nord de la sebkha Halk-el-Mengel, l'existence d'une autre sebkha communiquant

(1) Localité située à mi-chemin de Sousa et de Kaïrouan, et à 12 kilomètres environ du lac Kelbiah.

avec cette dernière, et dont les dimensions se trouvaient parfaitement correspondre aux dimensions du lac antique, sans qu'il fût nécessaire d'invoquer un changement quelconque qui serait survenu dans la configuration générale et dans le relief du sol. Ces indications me décidèrent à entreprendre de nouvelles études. Je demandai à la haute bienveillance de M. le Ministre de l'Instruction publique, une mission qui me permît d'aller explorer d'une manière méthodique la région du littoral d'Hammamet. Sur la proposition de M. le colonel Perrier, directeur du Dépôt de la guerre, et de M. Cosson, président de la Mission de l'Exploration scientifique de Tunisie, la commission émit un avis favorable. Je partis à la fin d'avril 1885, et le résultat de cette exploration m'amena à modifier les idées que j'avais tout d'abord émises sur certaines adaptations des données anciennes aux conditions topographiques du littoral.

Un nouveau livre a donc paru nécessaire à tous ceux qui, dans le monde scientifique, s'intéressent soit aux grandes questions de géographie ancienne, soit aux questions de géographie générale. Pour former un traité complet sur la question du Triton considérée au point de vue géographique, ce livre devait, tout en résumant les discussions antérieures, non seulement démontrer l'identification du bassin de la Tunisie centrale et de l'antique bassin tritonique, mais encore déterminer la place que ce bassin tritonique avait occupée dans la géographie ancienne. Ce n'était plus une simple étude sur le Triton qu'il fallait entreprendre, mais une série d'études sur la géographie comparée de la Byzacène et de la Cyrénaïque. Ces études sont faites; je les livre à la critique et j'ai pleine confiance dans le jugement définitif de l'avenir.

Au cours de cet ouvrage, je vais être amené souvent à discuter les idées de deux hommes qui ont fait de la géographie comparée de la Byzacène l'objet spécial de leurs études : je veux parler de MM. Tissot et Roudaire. Souvent j'aurai à infirmer leurs conclusions. Cependant je ne crois pas que leur valeur scientifique puisse être atteinte par suite des erreurs que j'aurai à relever dans leurs études. L'un a envisagé la théorie tritonique des chotts à un point de vue purement historique, l'autre a voulu faire servir cette théorie à la réalisation d'un rêve grandiose. Tous deux se sont trompés. Mais tous deux ont apporté dans la recherche de la vérité une égale foi et une égale ardeur. A ce titre seul, leurs noms devraient être estimés de nous tous. Mais il leur reste d'autres titres à faire valoir aux yeux de la postérité. La science leur doit en effet l'acquisition définitive de faits positifs. En résumant et en classant les documents antérieurs sur la géographie ancienne de la Leugitane et de la Byzacène, M. Tissot a rendu à la géographie comparée un inappréciable service. Bien que reposant sur un système orographique et hydrographique incomplet et inexact, l'ouvrage de M. Tissot est incontestablement un des meilleurs parmi ceux qui ont paru jusqu'à ce jour; d'autre part, le colonel Roudaire n'en demeure pas moins l'homme qui a contribué largement à nous faire connaître la Tunisie méridionale. Avant les diverses missions qu'il reçut de la part du Ministre de l'Instruction publique, nous ne connaissions de la Régence que la Tunisie du Nord, que venait d'explorer le colonel Perrier. De ces missions, le colonel Roudaire rapporta des données précises sur la géographie et la géologie des chotts, et le nivellement qu'il exécuta alors a passé aux yeux des gens compétents pour être d'une remarquable exactitude. Si ces deux hommes ont commis des erreurs, c'est parce qu'ils n'avaient pas en leur possession un élément essentiel à la solution des problèmes qu'ils poursuivaient, c'est-à-dire la connaissance de la géographie de la Tunisie centrale, sur laquelle d'ailleurs l'Europe n'avait conservé aucun souvenir certain.

Beaucoup, en France et à l'étranger, ont bien voulu s'intéresser à mes études, et me donner des preuves de cet intérêt en m'honorant de leur sympathie et de leur bienveillance. J'ai eu dès le début, la bonne fortune de voir s'ouvrir devant moi les colonnes de la *Nouvelle Revue*. Que sa tout aimable directrice, Mme Adam, veuille bien accepter ici tous mes remerciements. Au cours de la mission scientifique que M. le Ministre de l'Instruction publique a bien voulu me confier, j'ai rencontré auprès de M. le général Boulanger, commandant la division d'occupation de la Régence, l'accueil le plus flatteur, et la sympathie constante qu'il m'a témoignée a contribué beaucoup à faciliter la tâche que j'avais entreprise. Dans la haute situation qui a fait de lui le chef de l'armée française, que M. le Ministre de la Guerre me pardonne la liberté que je prends, en lui exprimant ma plus profonde et ma plus respectueuse gratitude : c'est pour moi un devoir auquel je ne pourrais me soustraire. Je tiens à remercier aussi vivement M. le médecin inspecteur général Didiot, M. le médecin inspecteur Baudouin, M. le médecin inspecteur Colin, M. Xavier Charmes, directeur de l'enseignement supérieur, M. le général Riu, M. le colonel Perrier et M. Cosson, tous deux de l'Académie des sciences, M. le colonel Jung, chef du cabinet du ministre de la guerre, le colonel Moulin qui dirigeait la colonne à laquelle j'étais attaché; et aussi à rendre un pieux hommage à ce savant et à cet homme de bien qui fut M. Egger, et qui, dans l'interprétation difficile des textes grecs et latins, eut l'obligeance de mettre à ma disposition sa profonde connaissance des langues anciennes. Je voudrais enfin pouvoir inscrire ici même le nom de tous ceux auprès desquels, au sein des sociétés savantes et ailleurs, j'ai trouvé de la sympathie; mais la liste en serait trop longue. Qu'ils acceptent eux aussi tous mes remerciements. Je puis dire que mon œuvre est leur œuvre, car, seule, cette sympathie a pu m'encourager à poursuivre ces études arides, en face des contestations dont elles furent, malgré leur caractère exclusivement scientifique, quelquefois l'objet.

LA DÉCOUVERTE DU BASSIN HYDROGRAPHIQUE

DE LA

TUNISIE CENTRALE

ET L'EMPLACEMENT DE L'ANCIEN LAC TRITON

(ANCIENNE MER INTÉRIEURE D'AFRIQUE).

INTRODUCTION.

Parmi les problèmes de géographie et d'histoire ancienne que l'antiquité à laissés a résoudre aux générations futures, il en est peu qui aient allumé autant de polémiques, alimenté autant de discussions que la question de l'emplacement occupé en Afrique par le bassin du Triton. Il est aussi peu de problèmes qui soient plus dignes d'attirer l'attention des archéologues, et de tous ceux que les questions de géographie et d'histoire ancienne intéressent. La contrée du Triton fut en effet, le pays classique de la mythologie des Grecs. Aux âges nébuleux où, pour la première fois, des rapports s'établirent entre les peuples de l'Hellade et ceux de la côte nord d'Afrique, on voit le nom du fleuve Triton associé aux fables qui ont entouré la civilisation hellénique à son berceau et qui, sous la forme mythique, nous ont transmis les faits réels de l'histoire. Sur les bords du lac sacré dans lequel venait se perdre le fleuve Triton, prenaient naissance quantité de légendes antiques, quantité de mythes et de divinités indigènes. Alors dans la ville de Nysa, près du lac Triton, grandissait Bacchus (1), qui, plus tard, dominait la terre et sauvait l'Olympe des Titans. Là aussi voyait le jour le Neptune Poséidon, une des principales divinités hellénique, et le dieu marin Triton (2), fils de Neptune et d'Amphitrite. Aux temps d'Ogygès (3), une jeune fille apparaissait sur le lac Triton. On l'appelait Minerve, et du lieu de sa naissance elle prenait le nom de Tritogène (4). La légende voulait qu'à côté de Bacchus, elle eût combattu Saturne, et que de là, sa renommée et son culte se fussent répandus dans tous les pays soumis à l'influence hellénique. A la même époque, les Amazones (5), après de sanglantes luttes avec les Numides, dominaient sur le Triton, et fondaient dans le lac Triton même la ville de Chersonèse. Plus tard, à l'âge héroïque, de nouvelles légendes viennent se rattacher à ce centre de la civilisation hellénique. Toujours sur les bords du lac Triton, Persée tuait la Méduse et délivrait Andromède, Hercule faisait toucher des épaules la terre au géant Antée, roi des Irasses (6), et exterminait les Amazones, maîtresses de la contrée (1). Cadmus y venait cacher ses amours avec Harmonie, et après avoir subjugué l'Éthiopie édifiait non loin de ses bords plus

(1) Nonnus, *Dionysiaques*. — Diodore de Sicile, III. 70.
(2) Nonnus, VI, 294, 36, 93, 43, 205.
(3) Chronique d'Eusèbe, p. 12 et 66, éd. Scaliger. — S. Augustin, *De la cité de Dieu*, XVIII, VIII.
(4) Scylax, § 110. — Hérodote, livre IV. — Pomp. Mela, *De situ orbis*, etc.
(5) Diodore de Sicile, III, LIII, LIV, LV.
(6) Müller, *Historiarum græcarum fragmenta*, tome I, p. 80.

de cent villes (1). Dans ses longs voyages à travers le monde, Thymœtès (2), contemporain d'Orphée, visitait le lac Triton et entrait dans la ville de Nysa, berceau de Bacchus. Jason enfin (3) y conduisait ses Argonautes, et, porté sur les épaules de ses compagnons depuis les rives de l'Océan jusqu'au fond « des Syrtes orageuses, » le navire Argo abordait au lac Triton, et de là débarquait les héros à Iolchos, point de départ de leur navigation aventureuse. A l'âge historique enfin, et lorsque, par suite de l'évolution ascendante de la civilisation, le mythe fait place à l'histoire, le lac Triton n'en conserve pas moins tout son prestige dans le souvenir des Grecs. Les faits mythologiques n'en sont pas moins reproduits dans les chants des poètes et dans les commentaires qui accompagnent les légendes antiques. Seulement, aux mythes indigènes viennent s'associer les récits de temps plus modernes. Des renseignements vraiment positifs nous sont donnés sur le lac Triton et sur les terres circonvoisines. Poètes, historiens et géographes font allusion à ce lac fameux, les uns en se faisant l'écho des anciennes légendes, les autres en donnant des renseignements précis sur l'histoire et la géographie de ce foyer capital de la civilisation de l'Hellade.

Qui pourrait croire qu'une contrée ayant joué un si grand rôle dans l'histoire de l'ancien monde méditerranéen, soit restée jusqu'à ce jour un pays inconnu à la science archéologique? En vain les anciens avaient-

(1) Nonnus, *Dionysiaques*, livre XIII, vers 315-366.

(2) Diodore de Sicile, III, LXVII.

(3) Pindare, *Pythique*, IV, str. 20. — Hérodote, livre IV, § CLXXIX. — Apollonius de Rhodes, IV, 1152, 1389, etc.

ils donné de cette contrée la description la plus minutieuse et la plus fidèle, nommé le grand fleuve qui l'arrosait, indiqué la montagne de l'Ousaleton où ce fleuve prenait sa source, signalé les trois lacs de Libye, de Pallas et de Triton, que le fleuve traversait avant de se rendre à la mer, mentionné les diverses particularités de son parcours. En vain avaient-ils précisé l'emplacement du plus fameux de ces trois lacs, du lac Triton, fixé ses dimensions, parlé de sa communication avec la mer et de l'île qu'ils nommaient Phla ou Triton, placée à l'entrée de cette communication. La recherche de la contrée du Triton a, à ce point, désespéré la patience et la sagacité des érudits et des explorateurs modernes, que quelques-uns sont allés jusqu'à nier l'existence même de ce pays, du fleuve Triton et du lac Triton. Ceux-là se sont demandé si cette contrée ne devait pas être un mythe analogue à celui du jardin des Hespérides, ou à la fable du fleuve des Enfers (1).

Les discussions qui ont eu lieu au sujet de l'emplacement du lac Triton auront duré près de deux siècles. Elles ont passionné le monde savant, en Angleterre et en Allemagne, en France et en Italie. Elles ont mis aux prises archéologues et ingénieurs, géographes et explorateurs. A l'envi, les données des textes antiques et les indications topographiques du sol ont été mises à contribution. Tous les passages anciens faisant mention du mot Triton et attachant à ce mot une signification géographique ont été compulsés, fouillés, comparés. Toujours pour arriver à la solution de ce problème, la géographie de la Tunisie

(1) Pomel, *Revue scientifique*, 10 nov. 1877. — Elysée Reclus, *Géographie universelle :* La Tunisie.

méridionale, qu'au commencement de ce siècle on ne connaissait que d'une manière rudimentaire, la géographie et la géologie de la Tunisie centrale qu'hier encore nous ignorions, et dans son ensemble et dans ses détails, ont été minutieusement étudiées. Mais aussi, quand l'adaptation définitive a été trouvée, quels résultats au point de vue archéologique ont été obtenus! La solution de l'énigme du Triton aura entraîné la solution d'autres énigmes, que l'on croyait contenues dans les textes antiques concernant l'Afrique. Les textes déclarés incompréhensibles jusqu'à aujourd'hui ont reçu une explication facile et tout en faveur des historiens et des géographes anciens. La valeur géographique du mot *Triton* et du mot *Syrte,* et la place que ces deux mots ont occupée dans la nomenclature géographique ancienne a pu être déterminée. Enfin, chose capitale, tout le système hydrographique et orographique libyen de Ptolémée, objet de critiques si amères de la part des commentateurs modernes, a pu être reconstitué et reconnu, dans ses grandes lignes, conforme à la vérité géographique. Grand enseignement pour la critique moderne, qui doit n'aborder l'étude de la géographie comparée qu'avec une prudente réserve, et n'émettre de jugement définitif sur la valeur des données antiques que lorsqu'elle est en possession des éléments nécessaires, que lorsqu'elle connaît à fond ces données elles-mêmes, ainsi que la topographie du pays auquel les anciens ont entendu les appliquer!

CHAPITRE PREMIER.

SYSTÈMES MODERNES ASSIMILANT LE PAYS DE GABÈS A LA CONTRÉE DU TRITON.

Bien avant le dix-huitième siècle, l'opinion était généralement admise, que le bassin hydrographique du Triton et le lac Triton ne pouvaient être cherchés ailleurs qu'à l'extrémité de la Tunisie méridionale. Là, en effet, se trouve un grand bassin hydrographique, et dans ce bassin une contrée que tout esprit, au premier abord, est disposé à regarder comme un ancien prolongement de la mer. Au pied méridional de l'Atlas, du méridien de Gabès à celui de Biskra, s'étend un long chapelet d'arides lagunes occupant le fond d'une région déprimée au milieu des terres qui l'entourent. Au fond de ces lagunes viennent s'accumuler, puis disparaître, toutes les eaux que, de Biskra à Gabès, le grand Atlas envoie par son versant saharien au désert. Ces lagunes ne forment point une ligne continue. Des reliefs assez faibles les interrompent et isolent ces dépressions en trois grandes cuvettes principales, dont la plus occidentale a pris le nom de chott Melghig, la cuvette centrale, le nom de chott Rharsa, et la plus orientale, le nom de chott Djerid. Un isthme d'environ 18 kilomètres d'épaisseur sépare cette dernière des eaux du golfe de Gabès. Dans l'épaisseur même de l'isthme prennent naissance trois cours d'eau, longs à peine de quelques kilomètres, l'oued Akareit, l'oued Hamma, l'oued Gabès. Tous les trois vont se jeter à la mer, et au premier abord peuvent être regardés comme l'écoulement souterrain du chott dans le golfe de Gabès. A la surface du chott, une eau salée pendant l'hiver, des efflorescences d'un sel grisâtre pendant l'été, puis, au-dessous de cette couche, un fond vaseux et jaunâtre, où hommes et chevaux s'enfoncent et disparaissent dans une profondeur qui n'a pu encore être déterminée; enfin, au delà du chott et de ses rives, l'immense nappe des sables désertiques qui le prolonge et rappelle l'aspect des plages marines, tout, dans la physionomie générale du pays, tend à vous rendre victime d'une illusion. Presque tous les explorateurs ont été la dupe de ce mirage, et ont considéré le fond des chotts comme le lit d'une ancienne mer desséchée.

Vers la fin du dix-huitième siècle, un missionnaire anglais, chapelain de la factorerie anglaise d'Alger, le docteur Shaw, explorait la Tunisie méridionale. Frappé de l'aspect marin du pays, il adopta l'opinion commune, et s'efforça de retrouver dans la topographie de la contrée de Gabès les principales données géographiques fournies par les textes anciens sur la région du lac Triton.

Il fit appel aux témoignages d'Hérodote, de Scylax, de Pline, de Mela et de Ptolémée, et adapta d'une manière plus complète qu'on ne l'avait fait jusqu'alors leurs indications aux accidents du terrain qu'il parcourait.

Pour lui le fleuve Triton fut l'oued Gabès; le grand lac Triton, le chott Djerid; les trois lacs situés sur le parcours du fleuve Triton, trois parties différentes du chott Djerid lui-même. Quelques îlots de sable perdus au milieu de la lagune et connus dans le pays sous le nom de Pharaoun, furent assimilés à l'île située à l'embouchure du lac Triton dans la mer (1). Shaw ne fit d'ailleurs de la question du Triton qu'une étude peu approfondie. L'exposition de son système est contenue tout entière dans une seule page de son livre, « *Exploration des États barbaresques.* » Il croyait, comme il le dit lui-même, la question suffisamment jugée.

Il en fut de même du docteur Desfontaines, qui, dix ans plus tard, parcourut aussi le pays de Gabès. Membre de l'Académie des sciences et chargé d'explorer, au point de vue botanique, les parties septentrionales de l'Afrique, Desfontaines eut l'ambition de joindre à sa relation de voyage tous les renseignements qu'il pourrait se procurer sur l'histoire et la géographie du pays. Lui aussi assimila la contrée de Gabès à la région du Triton, mais sans apporter à son affirmation d'autres preuves que celles qu'avait apportées Shaw. Sur ce point, son laconisme n'eut rien à envier à celui de son prédécesseur.

Rennell, vers le commencement du siècle, fut le premier qui apporta à la discussion de cette question tout le soin qu'elle comportait. Dans son ouvrage sur la géographie d'Hérodote, Rennell étudia la thèse de Shaw et adopta ses idées, non sans quelques restrictions, il est vrai. Shaw avait pris notamment la rivière de Gabès pour le fleuve Triton. Rennell crut au contraire retrouver ce fleuve Triton dans une des trois autres rivières de l'isthme de Gabès. « La partie la plus voisine du lac, disait Ren-

(1) Voir carte I.

Docteur Rouire.–Tunisie. PL. I

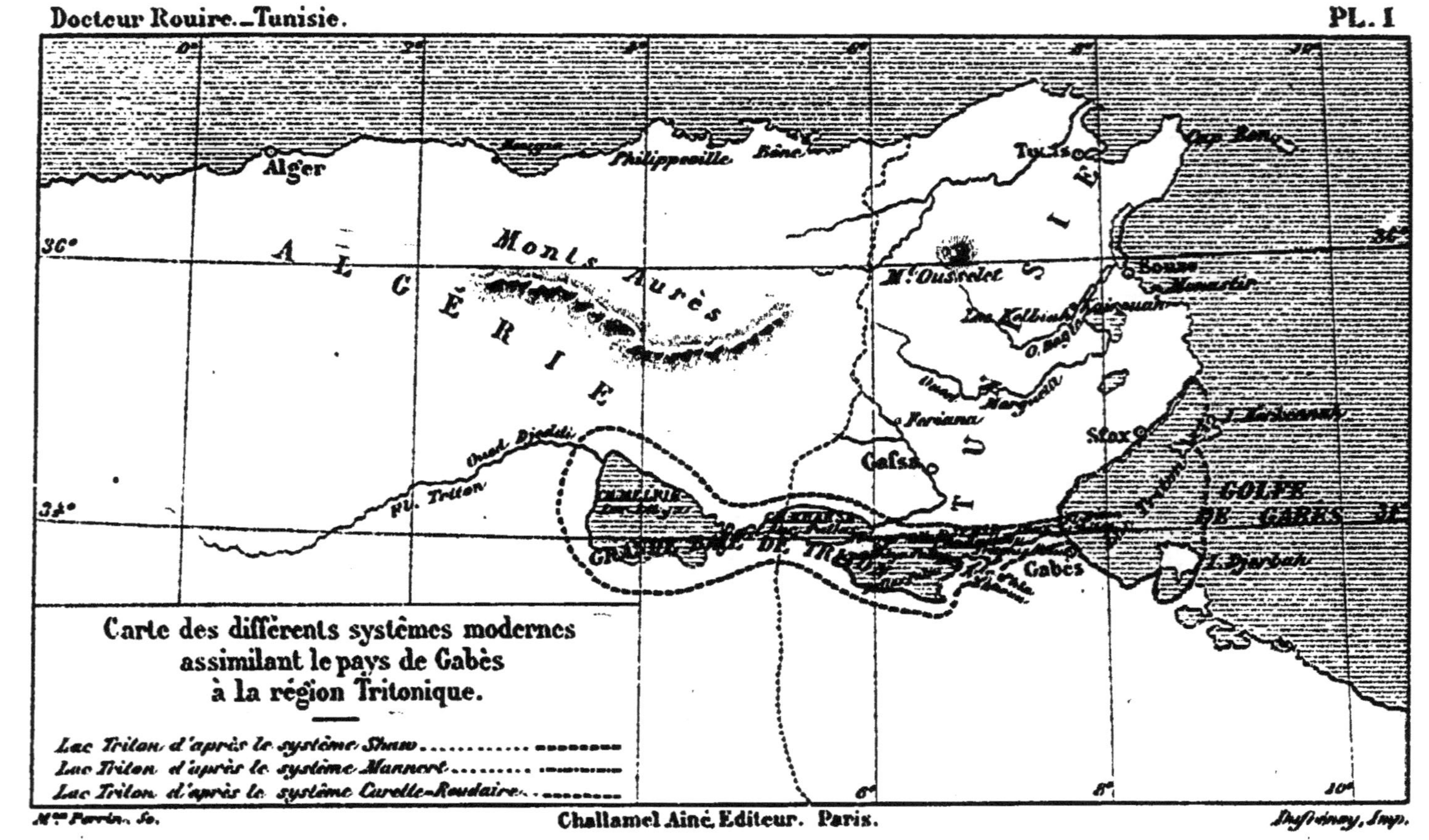

Carte des différents systèmes modernes assimilant le pays de Gabès à la région Tritonique.

Lac Triton d'après le système Shaw ....

Lac Triton d'après le système Mannert ....

Lac Triton d'après le système Carette-Roudaire ....

Mme Perrin, Sc. — Challamel Aîné, Editeur. Paris. — Dufrénoy, Imp.

« nell, est celle où se trouve aujourd'hui l'oued Akareit. « Cette rivière est périodique, et elle était à sec lorsque « Shaw la visitait. C'est là qu'il faut rechercher l'an- « cienne communication, s'il y en a eu, et nous ne dou- « tons guère que cette communication n'ait effectivement « existé (1). »

La question fut aussi agitée en Allemagne. En 1825, Mannert publiait sa géographie des États barbaresques. Dans cet ouvrage, qui longtemps demeura classique, de nombreuses pages sont consacrées au problème du Triton. Or, chose singulière, dans les mêmes textes d'Hérodote et de Scylax qu'aimaient à citer ses prédécesseurs, Mannert trouva des données absolument inconciliables avec la thèse préconisée par Shaw, Desfontaines et Rennell.

D'après le savant Allemand, Hérodote et Scylax auraient voulu désigner sous le nom de lac Triton, « une « partie du golfe de Gabès, partie fermée au nord par « l'île de Kerkennah, au midi par l'île Djerbah, parsemée « en outre de bas-fonds ne permettant guère aux grands « navires d'approcher. Dans cette hypothèse nouvelle, « l'île située dans le lac Triton aurait été l'île actuelle « de Djerbah, et la montagne où le fleuve prenait sa « source, la grande chaîne de l'Atlas (2). »

D'Avezac, en France, adopta la même manière de voir que Mannert. « Le lac Triton, disait-il, ne peut être évi- « demment qu'une partie du golfe de Gabès, et l'île si- « tuée dans le lac Triton, que l'île de Djerbah. Le célèbre

(1) Rennell, *Geographical system of Herodotus*, p. 661. (Voir aussi carte I.)

(2) Mannert, *Géographie comparée des États Barbaresques*, p. 187; traduction Marcus et Duesberg. (Voir aussi carte I.)

« fleuve Triton et le triple marécage qu'il traversait pour « venir déboucher auprès de Tacape, sont représentés par « quelqu'un des cours d'eau qui se déchargent au fond « du golfe de Gabès, et par la chaîne de petits lacs que « le voyageur, Sir Grenville-Temple, a signalée dans le « voisinage de cette ville (1). »

Cependant, malgré l'autorité incontestable de Mannert et celle de d'Avezac, cette opinion fit dans le monde scientifique peu de prosélytes. La plupart des archéologues continuèrent à se rallier aux idées de Shaw. Au moment même où d'Avezac adoptait la thèse nouvelle, sir Grenville-Temple, lieutenant-colonel de l'armée britannique, qui visitait le pays, reprenait pour son compte la thèse ancienne et n'y apportait qu'une légère correction. Au lieu de considérer les îles Pharaoun comme l'ancienne île Triton, sir Grenville-Temple inclinait à penser « que cette ancienne île ne pouvait être que la presqu'île actuelle de Nifzaoua, qui s'avance en pointe au milieu du chott Djerid, et qui, à la période historique, pouvait fort bien avoir été une île (2).

Quelques années après Mannert, le capitaine du génie Carette, membre de la Commission de l'exploration scientifique d'Algérie, trouva à son tour une troisième manière de comprendre et d'expliquer les données des auteurs anciens. Jusque-là, Shaw et avec lui tous ses partisans, s'étaient contentés d'assimiler le seul chott Djerid au lac Triton, et le bassin hydrographique de ce

(1) D'Avezac, *Des îles, fleuves et lacs de la province d'Afrique.* (*Univers pittoresque.*)

(2) Sir Grenville-Temple, *Excursions in the Mediterranean, Algier and Tunis;* Londres, 1835.

chott au bassin du Triton. Lui et Mannert n'étaient pas sortis de la contrée qui avoisine immédiatement Gabès, et pour eux les trois lacs de Ptolémée n'étaient, comme nous l'avons dit, que trois portions taillées dans ce même chott, le fleuve Triton n'étant représenté dans l'un comme dans l'autre système que par un des minuscules oueds de cette région.

Le capitaine Carette considéra tout l'ensemble hydrographique tributaire des trois chotts Melghig, Rharsa et Djerid, comme correspondant à l'ancien bassin du Triton. Dans ce troisième système, le grand fleuve Triton devient le grand oued Djeddi, qui de Laghouat va se jeter dans le chott Melghig; les trois lacs de Ptolémée sont représentés, non plus par trois portions du chott Djerid, mais par les trois chotts Melghig, Rharsa et Djérid. Enfin, l'embouchure du fleuve Triton dans la mer est identifiée à l'oued Akareit ou à l'une quelconque des rivières qui prennent naissance dans l'isthme de Gabès (1).

La théorie de M. Carette fut accueillie avec faveur dans le monde scientifique. En France, plusieurs explorateurs qui venaient de parcourir le nord du Sahara s'en déclarèrent de suite partisans. Au nombre de ces derniers furent H. Duveyrier et Largeau. Tout récemment enfin, dans le livre de l'exploration archéologique de Tunisie, M. Tissot adopta dans leur ensemble les mêmes conclusions.

Avant cette époque cependant, M. Tissot avait été compté au nombre des partisans de Shaw. Ses idées sur l'ancienne contrée du Triton avaient été exposées dans une thèse latine (*De Tritonide lacu*) qu'il soutint devant

(1) Voir carte I.

la faculté des lettres de Dijon. Cette thèse, à elle seule, constitue un véritable document qui doit compter dans l'histoire des discussions auxquelles a donné lieu l'énigme du Triton.

Jusqu'en 1863, en effet, bien que le problème du Triton eût été, depuis près d'un siècle et demi, l'objet de nombreuses discussions, personne dans le monde scientifique n'avait songé à en faire l'objet d'une étude spéciale. Tous les érudits qui s'en étaient occupés avaient traité cette question, soit au cours d'ouvrages d'ensemble sur la géographie ancienne de l'Afrique, soit plus simplement encore au cours de leurs relations de voyage. Une lacune existait, que la thèse de M. Tissot vint combler. Cette thèse est une étude critique, développée avec science et méthode. M. Tissot y discute d'abord l'opinion de Mannert et de d'Avezac, et la rejette. Il adopte ensuite la thèse de Shaw, et songe à l'appuyer de considérations nouvelles. Tous les textes classiques relatifs au Triton alors connus sont rassemblés et passés en revue. Un travail d'élimination est opéré, et, pour la première fois enfin, la théorie de l'identification du lac Triton et du chott Djerid apparaît, appuyée sur des documents nombreux, sur des données sérieuses et sur des considérations scientifiques.

Le système de Shaw rallia encore M. Guérin. Dans son voyage archéologique de la régence de Tunis, celui-ci écrivait : « Le chott Djerid est le fameux lac Tritonis de « l'antiquité, sur les bords duquel les poètes et même les « historiens ont placé tant de fables. Comme cette sebkha « offre plusieurs passages et forme ainsi différents bassins « séparés les uns des autres par des chaussées que fré- « quentent ces caravanes, on y trouve facilement les trois

« lacs de Ptolémée, le lac Libya à l'ouest, le lac Pallas au « centre et le lac Tritonis à l'est (1). »

Enfin, la carte de l'Afrique sous la domination des Romains du Dépôt de la guerre sanctionna cette manière de voir, et dans le chott Djerid y furent figurés, appliqués à ce seul chott les noms de lac de Libye, de lac de Pallas et de lac du Triton.

Ainsi le monde scientifique était partagé en deux camps. Les uns, fidèles aux idées de Shaw, étaient d'avis que les lacs de Ptolémée ne pouvaient être que trois portions du chott Djerid; les autres, ayant adopté les idées de Carette, assimilaient les trois lacs de Ptolémée aux trois chotts Melghig, Rharsa et Djerid, lorsqu'une étude parue en 1873 et due au capitaine Roudaire, fit entrer le débat dans une phase toute nouvelle, et vint donner une grande ampleur à la discussion.

Jusqu'alors le problème du Triton avait été considéré plus spécialement comme une question d'archéologie ancienne, et pour en trouver la solution, on s'était adressé à l'étude des textes anciens plutôt qu'à l'étude de la configuration du terrain de la Tunisie méridionale.

Cette tendance dans l'esprit des érudits était d'ailleurs toute naturelle, puisqu'on ne connaissait pas encore d'une manière suffisamment précise la topographie et la géologie de la Tunisie méridionale. Le capitaine Roudaire, lui, fit descendre le problème des hautes sphères archéologiques où jusque-là il s'était exclusivement maintenu, le transporta ou le fit transporter sur le terrain de la topographie et de la géologie, le rendit populaire enfin

(1) Victor Guérin, *Voyage archéologique dans la Régence de Tunis*, t. I, p. 219.

dans le milieu scientifique, et, en intéressant un peu tout le monde à ce grand débat, en prépara la solution définitive.

Au commencement de l'année 1873, M. Roudaire avait été chargé par le Ministère de la Guerre d'une mission ayant pour but de prolonger la méridienne au sud de Biskra.

Cette mission le conduisit sur le chott Melghig, et de là il put démontrer d'une manière mathématique que ce chott se trouvait à une altitude inférieure à celle du niveau de la mer. De cette infériorité d'altitude, il fut amené à déduire toute une série de vues nouvelles relatives au Triton.

D'après lui, le lac Triton n'avait été ni le chott Djerid seul, comme l'avait cru Shaw, ni une partie quelconque du golfe de Gabès, comme l'avait écrit Mannert. Le lac Triton antique aurait été primitivement un immense bras de mer allant de Gabès à Biskra, et couvrant tout le sud de la Tunisie et de la province de Constantine, un tiers environ de la longueur de toute la Berbérie. On l'aurait alors appelé grande baie de Triton (1). Le chott Melghig, le chott Rharsa et le chott Djerid ne seraient aujourd'hui que les restes de cette ancienne mer, qui aurait formé une autre Adriatique entre la Berbérie et le Sahara. Ce grand bras de mer aurait communiqué avec le golfe de Gabès à hauteur de Gabès même. Plus tard, la communication se serait obstruée, un seuil se serait formé, les eaux se seraient évaporées, et l'ancien bras de mer se serait étranglé en trois bas-fonds: les chotts Melghig, Rharsa et Djerid.

(1) Voir carte I.

M. Roudaire croyait même trouver dans les textes anciens les périodes successives de transformation et les phases différentes de dessèchement de l'ancienne grande baie du Triton. « A l'époque d'Hérodote, écrivait-il, les « lacs sont en communication avec la mer par une large « ouverture. La Petite Syrte (golfe de Gabès) et le lac « Triton sont réunis sous le nom collectif de grande baie « de Triton. Dans cette baie est une île appelée Phla, qui « n'est autre que le Nifzaoua. A l'époque de Scylax la Pe- « tite Syrte (golfe de Gabès) et le lac Triton sont encore « désignés sous le même nom collectif; mais la commu- « nication qui les réunit étant devenue étroite, le golfe « (de Gabès) et le lac sont déjà distingués par les noms « particuliers de Petite Syrte et de lac Triton. L'île de « Phla existe toujours dans le lac sous le nom d'île Triton. « A l'époque de Pomponius Mela, la communication entre « le lac et la syrte (golfe de Gabès) n'existe plus. Le lac « Triton est au delà de la syrte dans l'intérieur des terres. « Les eaux de ce lac qui ne reçoit pas de ses affluents un « tribut assez considérable, ont baissé par suite de l'éva- « poration. Le Nifzaoua n'est plus qu'une presqu'île. Le « nom du lac Pallas apparaît à côté de celui du lac Tri- « ton. On n'est pas encore bien éloigné de l'époque de « Scylax, et les voyageurs trouvent sur le rivage laissé à « découvert des traces de la présence récente de la mer. » Puis on arrive à Ptolémée; les eaux ont continué à « baisser, elles se sont fixées dans les dépressions les plus « profondes de l'ancien lit, le bassin primitif s'est sub- « divisé. On voit apparaître le lac de Libye à côté des « lacs Pallas et Triton. La longueur de la communication « a été conservée par la tradition, et Ptolémée place l'em-

« bouchure du fleuve Triton au point où aboutirait cette « ancienne communication (1). »

Ainsi qu'on peut le voir, la thèse du capitaine Roudaire était au fond celle de M. Carette, les trois chotts Melghig, Rharsa, Djerid représentent les trois lacs de Libye, de Pallas et de Triton de Ptolémée. Le fleuve Triton est toujours l'oued Djeddi.

Le capitaine Roudaire transformait uniquement le lac Triton en une grande baie de Triton et expliquait les causes de la disparition de cette baie. C'était, en somme, le système de Carette modifié et complété.

Ce qui fut vraiment neuf, vraiment original dans la pensée de M. Roudaire, ce fut la conception toute pratique qu'il crut devoir dégager de la modification apportée au système de son prédécesseur. Divers passages d'auteurs anciens représentaient les environs du lac Triton comme étant d'une richesse exubérante. Scylax avait dit notamment : « Les bords du lac Triton sont habités tout autour par les peuples de Libye dont la ville est située sur la côte occidentale. Ce pays est excessivement riche et fertile; de là vient qu'ils se nourrissent beaucoup et qu'ils ont de nombreux troupeaux (2). »

Or, chacun le sait, le pays des chotts est aujourd'hui stérile, nu; c'est le désert entrecoupé d'oasis nombreuses il est vrai, dans le Nifzaoua, mais très clairsemées partout ailleurs. Mettant donc en regard la fertilité ancienne des bords du lac Triton et la stérilité actuelle des chotts, M. Roudaire fut naturellement amené à attribuer la mo-

(1) Roudaire, *Revue des Deux-Mondes :* « Une mer intérieure en Algérie, » 15 mai 1873.

(2) Scylax, *Collection des Petits Géographes grecs*, édit. Didot, § 110.

dification du climat et de la nature des terres de l'Algérie méridionale au dessèchement et à la disparition de l'ancien bras de mer.

« En examinant tous les documents topographiques « que nous possédons sur le bassin des chotts, disait-il, « on acquiert la conviction que ce bassin communiquait « autrefois avec la Méditerranée et formait un golfe inté- « rieur, connu sous le nom de grande baie de Triton; « que cette baie de Triton s'est desséchée au commence- « ment de l'ère chrétienne, à la suite de la formation d'un « isthme qui l'a séparée de la mer; que, dans l'état des « choses, il suffirait de creuser un canal de communica- « tion entre ce bassin des chotts et le golfe de Gabès pour « faire revivre la mer intérieure d'autrefois (1). » De là à l'idée de faire renaître ce qui avait été autrefois, il n'y avait qu'un pas. L'imagination le franchit. Restaurer l'antique mer Tritonienne, et rendre aux pays brûlés des chotts la fertilité de jadis, tel fut le projet grandiose qu'on a connu sous le nom de *Projet de Mer Intérieure*, et le but vers lequel son auteur eut les yeux constamment fixés pendant toute sa vie.

(1) Roudaire : *Revue des Deux-Mondes*, 15 mai 1873. « Une mer intérieure en Algérie, p. 327.

CHAPITRE II.

IMPOSSIBILITÉS QUI S'OPPOSENT A L'ADOPTION DES SYSTÈMES MODERNES ASSIMILANT LE PAYS DE GABÈS A L'ANCIENNE RÉGION TRITONIQUE.

Ceux qui n'ont pas été rebutés par l'aridité des détails qui précèdent, auront déjà remarqué combien étaient nombreuses les divergences qui existaient entre ceux qui voulaient voir dans le pays de Gabès l'ancienne région du Triton. De l'étude des textes anciens, les archéologue avaient pu dégager cinq données principales, relatives à la géographie générale du Triton. Ces données se rapportaient à la longueur du parcours du fleuve Triton, à la montagne de l'Ousselet où le fleuve prenait sa source, aux trois lacs situés sur son parcours, aux dimensions du plus fameux de ces trois lacs, le lac Triton, enfin à la présence d'une île à l'entrée de la communication de ce lac avec la mer.

Or, dans le but de faire concorder les données anciennes avec les indications topographiques du pays de Gabès, Shaw, Mannert et Carette avaient été amenés à émettre chacun un système différent. D'autre part, parmi ceux qui s'étaient groupés autour de l'un ou de l'autre auteur de ces systèmes, beaucoup n'avaient donné leur adhésion que sous certaines réserves, et avaient fait subir au projet adopté diverses modifications, suivant que telle ou telle adaptation dans le système préféré leur avait paru par trop forcée. Si l'on met en regard de chacune des données anciennes les adaptations modernes, on est quelque peu frappé de la divergence de vues qui existe entre les partisans de l'identification du pays des chotts et du pays du Triton.

Voici, résumées, ces diverses adaptations avec les noms de leurs auteurs.

1° *En ce qui concerne le fleuve Triton.*

1° Le fleuve Triton a été l'une des minuscules rivières de Gabès, ou l'oued Gabès, ou l'oued Akareit : — *Shaw, Desfontaines, Rennell, sir Grenville-Temple.*

2° Le fleuve Triton est le grand oued Djeddi; son embouchure seulement étant représentée par l'une des minuscules rivières de Gabès : — *Carette, Tissot, Roudaire, Duveyrier, Largeau, etc.*

2° *En ce qui concerne le mont Ousaleton.*

1° L'Ousaleton est le mont Atlas.

2° L'Ousaleton est le mont Ousselet actuel.

3° L'Ousaleton est le Djebel Ahmour : — *Mannert, Guérin, Tissot.*

3° *En ce qui concerne les trois lacs situés sur son parcours.*

1° Les trois lacs situés sur son parcours sont représentés par trois portions du lac Djerid : — *Shaw, Desfontaines, Rennell, Guérin, sir Grenville-Temple.*

2° Ces trois lacs sont les trois chotts Melghig, Rharsa et Djerid : — *Carette, Tissot, Roudaire, Duveyrier, etc.*

4° *En ce qui concerne le lac Triton.*

1° Le lac Triton est le Chott Djérid actuel : — *Shaw, Desfontaine, Rennell. V. Guérin, sir Grenville-Temple.*

2° Le lac Triton est la partie du golfe de Gabès compris entre Djerbah et Kerkennah : — *Mannert, d'Avezac.*

3° Le lac Triton a été un grand bras de mer s'étendant du golfe de Gabès à Biskra : — *Carette, Tissot, Roudaire, Duveyrier, Largeau.*

5° *En ce qui concerne l'île Triton de Scylax, ou l'île de Phla d'Hérodote.*

1° L'île de Phla et l'île Triton sont l'île de Djerbah (Ménin) : — *Mannert, d'Avezac.*

2° L'île de Phla est la presqu'île du Nefzaoua actuelle : — *sir Grenville-Temple, Roudaire, Duveyrier, Guérin.*

3° L'île de Phla est le groupe d'îles désigné sous le nom d'îles Pharaoun : — *Shaw, Tissot.*

La divergence de vues était complète. Aussi, aucune des adaptations qu'on avait faites des données anciennes aux indications topographiques de la région de Gabès, n'avait pu avoir lieu sans soulever des protestations. Chaque auteur de système, en effet, ne s'était pas contenté seulement d'entourer sa thèse d'arguments qu'il croyait solides, mais s'était attaché à relever les impossibilités géographiques et à signaler les lacunes que présentaient les thèses en opposition avec la sienne; et dans ce travail de destruction, chacun avait apporté une ardeur qui n'avait d'égale que l'ardeur déployée à édifier la thèse qui lui était particulière. Ainsi Mannert faisait remarquer (1) aux partisans de Shaw, qu'il n'était pas possible d'identifier le lac Tritonis, représenté dans tous les anciens récits de Pindare, d'Hérodote, de Scylax, d'Apollonius de Rhodes comme un golfe entortillé par les sinuosités de la mer, avec le chott Djerid, vaste cuvette uniformément déprimée, ne montrant aucune île à son entrée, et n'offrant aucun des accidents de terrain qui puisse justifier une pareille identification.

De son côté, M. Roudaire (2) faisait observer à Mannert

(1) Mannert, *Géographie ancienne des États Barbaresques*, XII, p. 187.
(2) Roudaire, *la Mer intérieure africaine*, p. 16, 1883.

et à d'Avezac qu'Hérodote et Scylax n'avaient certainement pas voulu désigner sous le nom de Triton l'île de Djerbah, puisque précédemment, et dans le même passage ils avaient parlé de cette île et l'avaient appelé l'île des Lotophages ou l'île de Brachion. « Malheureusement pour « la thèse soutenue par Mannert, disait Roudaire, le géo- « graphe allemand reconnaît lui-même que l'île de Tri- « ton (l'île de Djerbah actuelle) n'est autre que l'île des « Lotophages et l'île de Brachion. Il se met donc en con- « tradiction avec lui-même. Tous ceux d'ailleurs qui ont « défendu la même opinion se sont trouvés dans cette « alternative, ou de ne tenir aucun compte de l'île de « Triton, ou de l'identifier soit avec l'île de Djerbah, soit « avec Kerkennah. Mais alors, que deviennent les îles des « Lotophages et de Brachion des mêmes auteurs an- « ciens? »

Par cette seule remarque, Roudaire détruisait le système de Mannert, comme les observations de Mannert détruisaient le système de Shaw.

D'ailleurs, ces deux auteurs ne se faisaient nullement illusion sur les impossibilités de nature épigraphique ou topographique que présentait leur thèse, ni sur les lacunes qu'elle comportait.

Shaw disait (1) : « Cette rivière de Gabès a sa source à « trois ou quatre lieues seulement du sud-ouest de Gabès. « Deux longues chaînes de montagnes qui s'étendent de- « puis El-Hamma jusqu'à Maggo, et de là se continuent « jusqu'à la côte vis-à-vis de l'île de Djerbah, font voir « également que les anciens géographes aussi bien que

(1) Shaw, *Voyages dans les États Barbaresques et les pays du Levant.*

« les modernes se sont trompés en attribuant à cette ri-
« vière un cours beaucoup plus long qu'elle ne l'a en
« effet, et en disant qu'elle formait plusieurs lacs. Il n'en
« est pas moins certain qu'elle ne prend pas sa source au
« mont Ousaletón, comme Ptolémée l'a dit, car si cette
« montagne est la même que celle que l'on appelle au-
« jourd'hui l'Ousselet, ainsi que la ressemblance nous
« peut le faire croire, elle est trop éloignée pour entrer
« en considération à cet égard. En effet, excepté le petit
« terrain qu'arrosent les sources d'El-Hamma, tout le
« reste du pays dans cette direction est sec et aride et
« manque absolument d'eau. Si c'est donc ici le fleuve
« Triton, ainsi que personne aujourd'hui n'en voudra, je
« pense, disconvenir, il faut avouer que les géographes
« anciens se sont terriblement mépris dans les descrip-
« tions qu'ils nous en ont faites. »

Ainsi, de l'aveu même de Shaw, sa propre thèse ne répondait ni à l'idée que les anciens s'étaient faite du fleuve Triton, ni à l'appellation et à la situation de la montagne où ce fleuve prenait sa source.

De son côté, Mannert était obligé de reconnaître que les écrivains postérieurs à Hérodote avaient pu désigner sous le nom du lac Triton, non le golfe de Gabès, mais le chott Djerid lui-même. En effet, si les écrivains antérieurs à Hérodote décrivent le lac Triton comme un golfe entortillé, les écrivains postérieurs le dépeignent comme un lac ordinaire. D'où peut donc provenir cette divergence de vues au sujet du Triton?

Mannert croyait expliquer ainsi cette divergence :

Après Hérodote et Scylax, disait-il, l'usage se serait perdu d'appeler lac Triton cette partie du golfe de Gabès.

Par erreur Pomponius Mela, Ptolémée, Pline, auraient donné cette appellation au Djerid.

L'antique lac Triton, théâtre de tant d'événements dans la mythologie hellénique, et qui en réalité était le golfe de Gabès, aurait été ainsi confondu vers le commencement de l'ère chrétienne avec le chott Djérid, et Mannert invoquait à l'appui de sa thèse l'argument suivant : « Scylax est le dernier écrivain qui parle du lac Tritonis comme d'un golfe de la mer; c'est aussi le premier auteur qui lui donne le nom de Petite Syrte. Avant lui, on ne connaissait pas cette expression; après lui, on prétendait avoir fait la découverte que le fameux lac Tritonis ne provenait pas d'un enfoncement de la mer dans la côte, mais que c'était un lac du continent et situé à une petite distance de la Méditerranée. Lorsque la connaissance de l'intérieur du territoire eut fait des progrès, on découvrit au sud-ouest de la Petite Syrte (golfe de Gabès) un grand lac (chott Djerid) avec une île au milieu et un fleuve qui, sortant d'une chaîne de montagnes située au midi, se jette dans le lac. Cette découverte fit naître l'opinion que le lac Tritonis répondait à ce marais, qui ne communiquait pas avec la mer. Mela a émis le premier cet avis d'une manière positive. Pline n'a pas bien compris son prédécesseur; aussi n'a-t-il point d'opinion bien arrêtée sur ce point. Ptolémée entre dans les détails. Le fleuve Triton a ses sources dans la montagne Ousaleton, à une grande distance de la Petite Syrte, vers le sud; il forme d'abord le lac Libya, puis le lac Pallas, et enfin le lac Tritonis (1). »

(1) Mannert, *Géographie ancienne des États Barbaresques*, t. XII.

Ainsi Mannert, qui fut cependant un excellent critique pour son époque, appuyait tout son système sur un prétendu malentendu ou une prétendue ignorance qui aurait eu pour complice toute une moitié de l'antiquité.

D'autre part, son plus éminent partisan, d'Avezac, ne pouvait s'empêcher de remarquer que la petite rivière de Gabès, à laquelle on voulait assimiler le grand fleuve Triton, ne répondait guère aux données que les anciens avaient transmises sur ce fleuve. « Si ce fleuve Triton est « représenté, disait-il, par une des rivières qui débouche « au voisinage de Gabès, l'épithète de grand que lui donne « Hérodote est une de ces libéralités métaphoriques dont « l'histoire est si prodigue et qui du Tibre ont fait le roi « des fleuves (2). »

Mais en dehors des critiques que Shaw et Mannert opposaient mutuellement à leurs systèmes, il en existait d'autres dont ils ne parlaient pas. Dans le système de Shaw, il n'y avait pas place pour les trois lacs de Ptolémée. Trois portions taillées arbitrairement dans un chott unique ne peuvent guère représenter trois lacs distincts. Dans le même système, il n'y avait pas place non plus pour l'île du lac Triton. Quelques morceaux de sable perdus au milieu d'une sebkha ne peuvent être considérés comme une île.

De même, dans le système de Mannert, il était impossible de retrouver les mêmes trois lacs de Ptolémée. Le fameux mont Ousselet enfin, restait dans l'un et dans l'autre système une énigme. L'assimilation que faisait Mannert de

(1) D'Avezac, *Des fleuves, lacs et îles de l'Afrique romaine. (Univers pittoresque).*

cette montagne avec l'Atlas n'était guère admissible, puisque l'Atlas, à l'époque de Ptolémée, avait chez les géographes anciens une situation parfaitement définie et bien loin du littoral oriental de la province d'Afrique.

Ainsi, dans l'une et l'autre théorie, pas une seule des données anciennes ne pouvait trouver son application.

Restait la théorie consistant à assimiler l'ensemble du bassin hydrographique des trois chotts à l'ancien bassin du Triton. Au premier abord, il faut le reconnaître, cette thèse nouvelle était séduisante.

Quand, en effet, on jette les yeux sur une carte de l'Algérie et de la Tunisie méridionale, et qu'on voit se dessiner depuis le méridien de Géryville et de Laghouat et jusqu'à la rive occidentale du chott Melghig la longue artère de l'oued Djeddi; puis au chott Melghig succéder le chott Rharsa, puis enfin le chott Djerid, on est naturellement tenté de prendre ces trois chotts pour les trois lacs de Ptolémée, et de voir dans l'oued Djeddi le fleuve Triton. Aussi, dès son apparition, la thèse de M. Carette parut autrement rationnelle, autrement complète que celles de Shaw et de Mannert; et on comprend très bien qu'elle ait conquis les suffrages de la plupart de ceux qui, quelques années après, explorèrent le nord du Sahara. Il ne s'agissait plus que de savoir comment cette nouvelle donnée se concilierait avec la nature et la configuration des terrains de la région des chotts.

A l'époque de M. Carette, en effet, on ne connaissait pas encore d'une manière suffisamment précise la topographie, la géologie, et même l'hydrographie de la Tunisie et de l'Algérie méridionale. L'altitude des chotts notamment, prêtait matière à des discussions d'autant plus nombreuses qu'en réalité on ne pouvait émettre sur cette altitude que des prévisions. M. Virlet d'Aoust concluait bien, en 1845, à l'infériorité de l'altitude du chott Melghig par rapport au niveau de la mer, mais il ne pouvait baser cette conclusion que sur la faible altitude de Biskra prise comme point de comparaison. Quelques années plus tard, MM. Dubocq, Vuillemot et Cosson admettaient bien également une dépression du chott Melghig au-dessous de la Méditerranée, mais ils ne pouvaient, eux non plus, appuyer leurs assertions que sur des observations barométriques qui prêtent trop souvent, comme on le sait, matière à erreur. Aussi en 1868, M. Ville, qui avait étudié la question avec un soin spécial, déclarait-il qu'on ne pouvait conclure de toutes les données obtenues jusqu'alors, à l'infériorité d'altitude du chott Melghig par rapport au niveau de la mer.

Pour que le système de M. Carette, tel que l'avait conçu son auteur, pût nous donner enfin la solution du problème tritonien; pour qu'on pût, en un mot, assimiler le système hydrographique fourni par les chotts à l'ancien fleuve Triton, il fallait :

1° Qu'une artère unique, continue, avec une pente toujours décroissante, descendît de sa source vers la mer, en un mot, qu'il existât vraiment un fleuve pouvant être pris pour le Triton.

2° Que les trois chotts fussent situés sur le parcours de cette unique artère, et, par conséquent, en altitude descendante du fleuve vers la mer, comme il convient à trois lacs situés sur un même cours d'eau, et tels que l'étaient ceux de Ptolémée.

3° Que cette artère prît sa naissance au pied d'une montagne que l'on pût assimiler au mont Ousselet.

De même, si la modification apportée par M. Roudaire au système de M. Carette était l'expression de la vérité géographique, il y a deux mille ans, il fallait démontrer, à l'aide des documents géologiques, l'existence d'une ancienne mer au nord du Sahara. Si les chotts étaient réellement une ancienne mer desséchée, il fallait trouver sinon à la surface, du moins sur leurs bords; des laisses de mer, en d'autres termes, une faune littorale. De même le seuil de Gabès qui isole les chotts de la mer devait être un cordon littoral, et puisque la mer existait à l'époque historique, ce devait être un cordon littoral ne remontant pas à plus de deux à trois mille ans.

Ainsi formulé, le problème du Triton devenait un problème dont la solution pouvait être obtenue au moyen des données fournies par la géologie et la topographie de la région. Chacun le comprit; et partisans et adversaires du projet Roudaire se hâtèrent de porter leurs investigations de ce côté.

D'ailleurs, même avant l'apparition de ce projet, la question avait été nettement placée sur son véritable terrain. Dans son savant mémoire sur la constitution géologique des Ziban et de l'oued Rhig, M. Dubocq avait déjà soulevé la question de l'existence de l'ancienne mer au nord du Sahara et appelé à son aide la géologie.

« On ne rencontre, disait-il, sur les bords du lac Melghig « et sur les terrains qui s'étendent du lac actuel au pied « des montagnes, aucune laisse de mer qui puisse faire « supposer que ce marais ait été oblitéré depuis les temps « historiques par les collines de sable qui bordent le

« golfe de Gabès, et que l'évaporation saline ait épuisé « successivement les eaux de cette mer intérieure. Les « seuls témoins d'érosions anciennes que l'on observe, « sont des amas de cailloux roulés qui bordent la plaine « et qui paraissent indiquer que les couches de marnes, « de molasses et de poudingues qui se sont relevés sur le « flanc de l'Aurès, aient émergé du sein des eaux, mais « ce phénomène remonte aux dernières périodes géolo- « giques, et ne peut avoir aucune connexion avec les « modifications que le cordon littoral du golfe de Gabès « a pu recevoir dans les temps historiques (1). »

M. Dubocq faisait remarquer en outre, que la salure des eaux des chotts ne pouvait être invoquée comme preuve de l'existence d'une ancienne mer occupant le fond de ces lagunes. « L'efflorescence saline, continuait-il, « dont le chott se couvre après la saison des pluies, doit « être attribuée au dépôt de matières salines dont les « eaux se chargent dans leurs parcours, et quelles aban- « donnent ensuite lorsqu'elles sont absorbées par les « rayons solaires, ainsi que cela s'observe pour tous les « bassins fermés de l'Algérie. »

En 1872 également, M. Pomel avait publié un livre, *Le Sahara,* dans lequel il esquissait la géologie et la géographie physique de tout le nord-ouest de l'Afrique. Dans ce livre, lui aussi avait discuté l'existence d'une mer ancienne, et avait même soulevé la question de sa reconstitution. Après examen cependant, il avait conclu négativement contre l'une ou l'autre hypothèse, et confirmé

(1) Dubocq, *Mémoire sur la constitution géographique des Ziban et de l'oued Rhig.*

les sages observations de M. Dubocq. Désespérant de trouver quelque part l'ancien lac Triton, M. Pomel allait même jusqu'à mettre en doute son existence, et il déclarait n'être pas éloigné de croire que les textes classiques relatifs au Triton n'avaient aucune signification historique ou géographique précise, et provenaient probablement d'une traduction incorrecte de renseignements libyens.

La nouvelle conception de M. Roudaire et son projet de restauration de la grande baie de Triton ne pouvaient qu'imprimer une ardeur plus vive à cette grande discussion.

Dès 1874, c'est-à-dire une année seulement après l'apparition du nouveau projet, un élément nouveau fut introduit dans les débats. Au cours d'une rapide excursion à Gabès, M. Fuchs pouvait enfin parvenir à déterminer, approximativement, la hauteur de ce seuil. Cette hauteur fut évaluée à une altitude moyenne de 100 mètres au-dessus du niveau de la mer.

L'année suivante, au mois de juin, une mission italienne était envoyée sur le littoral de Gabès. Elle y demeurait quatre jours, déclarait sa religion suffisamment éclairée, et, par la voix de son chef, le marquis Antinori, concluait laconiquement que jamais là n'avait existé aux temps historiques une mer intérieure.

Deux ans après, M. Pomel partait aussi pour les chotts. Le résultat de cette expédition vint changer en certitude toutes les prévisions antérieures, et confirmer dans leur ensemble les nouvelles données de M. Fuchs. En même temps, l'histoire préhistorique de ces régions s'enrichissait de faits nouveaux. Des silex taillés appartenant aux stations préhistoriques étaient trouvés dans le lit de l'oued Akareit et de l'oued Gabès; au-dessus de ces silex, des alluvions plus récentes; au milieu de ces alluvions, encore des silex; et, reposant sur ces dépôts, des ruines d'emporia carthaginois ou romains.

M. Roudaire, de son côté, ne restait pas inactif. Dès 1874, il avait éprouvé le besoin de faire sortir la discussion des lieux communs des assertions, et il était parti, lui aussi, pour la région des chotts, à la recherche de documents positifs. Dans cette première exploration, la topographie de la Tunisie méridionale était completée et l'hydrographie de cette région définitivement fixée. Le chott Rharsa fut reconnu être situé à une altitude moyenne de dix mètres au-dessous du niveau de la mer, le chott Djerid à une altitude moyenne de dix-huit mètres au-dessus. De plus, on constatait que les trois chotts étaient complètement isolés les uns des autres par des seuils élevés, et formaient chacun un système indépendant.

Une deuxième expédition, qui eut lieu en 1878, toujours sous la direction de M. Roudaire, fut aussi fructueuse. Des sondages nombreux permirent de reconstituer la nature des couches géologiques dont le seuil de Gabès est composé. Dans son point le moins élevé, offrant encore une saillie de quarante-cinq mètres au-dessus du niveau de la mer, ce seuil est formé de sables et de marnes argileuses dans une profondeur de trente-cinq mètres et d'une base de calcaire au-dessous. L'une et l'autre expédition n'amenèrent d'ailleurs la découverte d'aucun fossile marin sur le bord des chotts. Sur ce point, les recherches furent vaines, comme l'avaient été précédemment celles de M. Pomel et de M. Fuchs. Les prévisions de M. Dubocq se trouvaient également confirmées, et M. Roudaire devait l'avouer lui-même dans son rapport, en 1878, au ministre de l'Instruction publique : « Notre dernière exploration « géologique, disait-il, ne nous a fourni aucune preuve « matérielle qui nous permette d'établir que le bassin des « chotts a été un golfe de la Méditerrannée pendant la « période historique (1). »

En résumé : un seuil élevé en moyenne de 100 mètres au-dessus du niveau de la mer; une coupe géologique montrant un substratum de roches calcaires supportant des couches de sable argileux; à la surface de ce seuil, des débris de stations préhistoriques; l'absence de fossiles marins le long des bords des chotts; la supériorité d'altitude du chott Djerid; l'isolement de chacun des chotts formant un bassin différent : tels furent les données d'une importance capitale pour l'histoire de la géologie et de la topographie de cette région, qui résultèrent de la lutte scientifique engagée entre les partisans et les adversaires du projet de mer intérieure.

Ces données étaient désastreuses pour la théorie Carette-Roudaire. Au point de vue géologique, un seuil offrant dans ses parties les plus basses une élévation de 45 mètres au-dessus du niveau de la mer, et composé pour un tiers de calcaire, et pour les deux autres tiers de marnes et de sables argileux, ne peut être pris pour un cordon littoral formé depuis la période historique. Il a fallu pour sa formation peut-être des centaines de milliers d'années, comme le remarque M. Fuchs, et non les trente

(1) Roudaire, *Rapport à M. le ministre de l'Instruction publique sur la mission des chotts;* Archives des missions scientifiques et littéraires. 3e série, t. VIII.

siècles qui nous séparent des hauts faits des Argonautes.

Les débris de stations préhistoriques viennent en outre, et par surcroît, démontrer que ce seuil appartient à une époque antérieure à celle de Jason. Enfin, l'absence d'une faune marine sur le littoral des chotts Melghig, Rharsa et Djerid, tendait même à laisser supposer que ces bassins ont toujours été des mers mortes n'ayant pas communiqué avec la mer.

De même, au point de vue topographique. Si on trace en effet une ligne allant de Gabès à Biskra, et représentant par son inclinaison les diverses pentes des chotts, on reconnaît que la direction générale de cette pente va d'une manière uniforme et continue de l'est à l'ouest c'est-à-dire qu'elle se dirige non vers la mer, mais vers le méridien de Biskra. Le chott Djerid, qui aurait dû nécessairement représenter la dépression la plus forte, si les chotts eussent été en communication avec la Méditerranée elle-même, présentait au contraire l'altitude la plus élevée et se trouvait au-dessus du niveau de la mer. La pente ne commence à remonter en sens inverse qu'à partir de la rive occidentale du chott Djérid jusqu'à la source de l'oued Djeddi. Il n'est donc pas possible d'admettre qu'un courant quelconque se soit produit du chott Melghig vers la mer, ce courant fût-il souterrain. A moins de supposer un fleuve réfractaire aux lois de la physique, on devait donc reconnaître que l'embouchure de l'oued Djeddi avait lieu dans le chott Melghig.

Or, l'oued Djeddi ainsi limité ne peut être le grand fleuve Triton, puisque le grand fleuve Triton se jetait à la mer et que l'oued Djeddi vient mourir dans le chott Melghig, à 300 kilomètres du littoral.

De même les trois chotts, Melghig, Rharsa et Djerid ne peuvent être les trois lacs de Libye, de Pallas et de Triton qui traversaient le fleuve Triton, puisque les trois chotts ont une direction générale de pente inverse à celle que doivent avoir nécessairement les trois lacs de Ptolémée, puisqu'enfin ces trois chotts ne communiquent pas entre eux, et présentent chacun un système d'alimentation différent.

Les nouvelles données géologiques et topographiques ont donc infirmé d'une manière définitive le système qui a voulu identifier le Djeddi à l'ancien fleuve Triton. Elles ont démontré qu'à l'époque historique une mer n'a pu couvrir tout le sud de la Tunisie et de l'Algérie; que surtout, vers l'ère chrétienne, le chott Djerid n'a pu communiquer avec la mer. Le système de M. Carette, avec la modification qu'y avait apportée M. Roudaire, a été mis à néant.

En vain plus tard, M. Roudaire (1), pour soutenir la présence d'une mer historique au nord du Sahara, a-t-il invoqué l'existence d'un coquillage fossile du *cardium edule*, qui se trouve le long des chotts. En vain a-t-il eu recours au témoignage de M. Desor, qui, près de l'oasis de Gomar, sur la rive méridionale du Melghig, aurait trouvé dans de profondes érosions du sol deux espèces marines, le *buccinum gibberulum* et le *balanus miser*, associés au *cardium edule*. En vain aussi a-t-il invoqué, en s'appuyant sur les études de M. Fuchs, la possibilité d'un soulèvement géologique qui aurait exhaussé tout le chott

(1) *Nouvelle Revue*, 1er mai 1881 : « L'ancienne baie de Triton et le projet de mer intérieure. »

Djerid et le littoral de Gabès. Le *cardium edule* n'est pas un fossile exclusivement marin, c'est une coquille qui peut vivre dans les eaux douces et saumâtres.

D'ailleurs, la discussion qui s'est engagée au sujet de la classification du *cardium edule* et de la découverte de M. Désor, ne peut fournir aucune preuve en faveur de la thèse relative à l'identification de l'ancien lac Triton.

Comme l'a fait sagement remarquer M. Ch. Martins, il ne s'agit pas, en effet, de savoir si cette partie du Sahara a été submergée à une époque géologique quelconque, *mais bien si elle a été sous les eaux à la période historique et au commencement de l'ère chrétienne.* De même, en ce qui concerne le soulèvement du seuil de Gabès, il ne s'agit pas de savoir si réellement un soulèvement a pu avoir lieu dans la série des âges géologiques, mais bien si ce soulèvement a eu lieu à une époque antérieure ou postérieure à l'ère chrétienne, et quelle a été sa hauteur. Or, le soulèvement constaté par M. Fuchs et invoqué par M. Roudaire est un soulèvement datant non de la période historique, mais remontant à un âge beaucoup plus reculé; et la hauteur de ce soulèvement, d'après les indications de M. Fuchs lui-même, aurait été au maximum de 15 mètres, alors que le seuil actuel mesure 46 mètres en moyenne au-dessus du niveau de la mer. Depuis la période historique, tout au contraire, les études de M. Pomel, celles de M. Doumet-Adamson sur la côte entre Kerkennah et Djerbah, les miennes propres sur la côte de Hammamet, tendent à prouver qu'il y a eu depuis l'époque carthaginoise et l'époque romaine, non un exhaussement, mais un abaissement, très faible, il est vrai, mais qui n'en est pas moins réel, le long du littoral de l'ancienne Byzacène.

D'ailleurs, alors même que la géologie et la topographie ne seraient pas venues démontrer l'inanité de la thèse, assimilant le triple bassin des chotts à l'unique fleuve Triton, d'autres impossibilités résultant d'une application inexacte ou incomplète des données anciennes aux indications de la géographie actuelle du pays, se seraient opposées à l'adoption de cette thèse.

Dans ce système, en effet, il n'y avait pas place pour l'île de Phla ou de Triton. La presqu'île actuelle du Nifzaoua, qu'on prenait pour l'île ancienne, n'a jamais pu être une île, puisqu'elle est traversée dans toute son étendue par une arête rocheuse élevée, qui se continue jusqu'en Tripolitaine et la soude au continent. En supposant une inondation générale de la contrée, le Nifzaoua reste toujours une presqu'île. Il n'y avait pas place non plus pour le fameux Ousaleton, et sur ce point, M. Roudaire ne faisait aucune difficulté de signaler cette lacune. « Ptolémée, disait-il, fait venir le fleuve des monts Ou-« saleton, puis il le fait couler dans le lac de Libye. « Quel était ce mont Ousaleton? Il y a bien un mont Ou-« saleton en Tunisie, mais il est bien loin au nord des « chotts, à l'ouest de Kaïrouan. Le mont Ousaleton « dont le nom a disparu, était sans doute une des chaî-« nes de montagnes qui forment la ceinture nord-ouest « du bassin des chotts. Il nous importe peu d'ailleurs « de la retrouver, etc. (1). »

Ce système était enfin inconciliable avec une des don-

(1) Roudaire, *Revue des Deux-Mondes :* « Une mer intérieure en Algérie », 15 mai 1873.

nées principales fournies par les anciens, les dimensions assignées par les géographes au lac Triton. Scylax avait dit que le lac Triton avait un pourtour de mille stades, soit 185 kilomètres environ.

Or, la prétendue mer intérieure retrouvée par M. Roudaire aurait atteint dans son périmètre un développement de 1,000 kilomètres; et cette mer se serait avancée jusqu'au milieu de la province de Constantine, couvrant tout le sud de la Numidie et de la Byzacène. Elle eût formé une petite Adriatique!

En résumé, dans la thèse Carette-Roudaire, pas plus que dans la thèse de Mannert et de Shaw, aucune donnée ancienne ne trouvait son application dans les indications topographiques du seuil de Gabès. Bien que, dans ce dernier système, on eût cherché à pousser le travail d'adaptation des données anciennes aux indications topographiques beaucoup plus loin qu'on ne l'avait fait dans les systèmes de Mannert et de Shaw, on peut dire qu'au point de vue des textes anciens, la thèse Carette n'était guère supérieure aux deux thèses qui l'avaient précédée. Au point de vue géologique et topographique, elle leur était même inférieure, puisqu'elle avait contre elle, réunis, tous les faits nouveaux acquis en dernier lieu à la science.

CHAPITRE III.

SYSTÈME ASSIMILANT LE PAYS DE BARCAH A L'ANCIENNE RÉGION TRITONIQUE.

Ainsi, les trois systèmes d'explication proposés par Shaw, par Mannert et par Carette, ne pouvaient justifier ni dans l'ensemble, ni dans les détails, l'identification du pays des chotts et de l'ancienne région du Triton. En présence de cette impossibilité, plusieurs bons esprits eurent l'idée d'aller chercher ailleurs que sur les bords du golfe de Gabès l'emplacement du lac Triton.

Une nouvelle hypothèse se fit jour, qui reportait l'ancienne baie de Triton à plus de 800 kilomètres à l'est de Gabès, sur la côte de la Cyrénaïque.

Les partisans de ce dernier système firent appel non plus aux quatre textes de Scylax, d'Hérodote, de Mela et de Ptolémée, mais à d'autres textes classiques que l'on supposait devoir se rapporter au grand lac tritonique. En effet, en dehors des textes cités par Shaw, par Mannert, par Carette à l'appui de leur hypothèse, d'autres documents existent, qui nous ont été légués par l'antiquité et qui font allusion à un certain lac Triton. Ces documents sont contenus dans les ouvrages de Diodore de Sicile, de Callimaque, de Strabon, de Lucain, et dans la table de Peutinger. Sobres de détails géographiques, ils n'en sont pas moins précieux, parce qu'ils assignent tous, au lac Triton qu'ils désignent, un emplacement bien déterminé. De plus, on doit reconnaître qu'à une exception près, ces textes concordent entre eux d'une manière parfaite. L'emplacement de ce lac Triton est fixé par eux dans la Cyrénaïque et près de la ville de Bérénice, aujourd'hui Benghazy. Callimaque, Strabon, Lucain le déclarent ou le laissent entendre formellement. La table de Peutinger représente le *lacus Tritonum* également sur la côte cyrénéenne. Enfin, le texte de Pline, obscur il est vrai, a pu néanmoins être interprété comme déterminant cet emplacement à l'orient du golfe de Gabès, dans la direction de Benghazy.

Quelques-uns de ceux qui avaient été frappés de l'impossibilité d'adapter les conditions topographiques du pays de Gabès aux données géographiques anciennes de Scylax, d'Hérodote, de Mela et de Ptolémée, ont adopté cette explication nouvelle. Ils n'ont jamais été bien nombreux cependant.

En effet, l'emplacement nouveau qu'on assignait au lac Triton près de Benghazy, ne satisfait à aucune des données des anciens géographes. Scylax, Hérodote, Mela avaient parlé d'un grand fleuve Triton qui avait sa source au mont Ousaléton, de trois lacs situés sur son parcours, des dimensions considérables du plus fameux de ces trois lacs. Où trouver sur la côte cyrénéenne et tripolitaine un fleuve et un lac répondant à ces indications?

On connaît la géographie du pays de Barkah, désignation moderne de l'antique Cyrénaïque. On sait que près de Benghazy se trouve un lac minuscule isolé de la mer, mais ayant autrefois communiqué avec elle; on sait que dans ce lac vient se perdre un oued de quelques kilomètres de long; mais qui pourrait voir dans cette modeste lagune le grand marais tritonique auquel Scylax donnait 185 kilomètres de pourtour? Qui pourrait également retrouver dans ce mince oued le grand fleuve Triton? Et la triple chaîne des lacs tritoniques, et le fameux mont Ousselet où était la source mère du Triton?

Une dernière opinion restait à émettre. Ne pouvant trouver sur tout le littoral libyen, depuis les Syrtes jusqu'à l'Égypte, une région quelconque qui rappelât l'ancien pays tritonique, bon nombre d'esprits sages se refusèrent à admettre l'existence du bassin mystérieux, théâtre des principaux événements de la primitive civilisation de l'Hellade. Pour eux, tout ce que les anciens nous avaient raconté sur le pays tritonique dut être relégué au nombre des fables et des légendes que la poésie divinise, mais que l'histoire doit répudier.

Le fleuve Triton devint un mythe pareil à celui du fleuve des Enfers, à celui du jardin des Hespérides ou à la fable de l'Atlantide.

L'éminent géologue qui, par ses travaux, avait plus que personne contribué à détruire la théorie qui assimilait le pays de Gabès au pays tritonique, s'est cru aussi obligé, en désespoir de cause, d'adopter ce dernier parti. Rendant compte du résultat de ses recherches, M. Pomel déclarait n'être pas éloigné de croire que les documents sur lesquels on se fondait pour admettre l'existence du Triton, n'avaient aucune signification géographique ou historique, et provenaient probablement d'une traduction incorrecte de renseignements libyens; et il concluait par ces mots, qui restent comme un témoignage pénible à entendre, mais cependant exact de l'impuissance à laquelle, après tant d'investigations et de discussions, avait abouti enfin la critique moderne :

« Les documents sur lesquels on se fonde n'ont aucune « signification historique ou géographique, et ne consti- « tuent que des mythes dont les lieux et le théâtre se « déplacent ou se transforment à mesure que les connais- « sances nouvelles en démontrent la fausse application. « Ainsi est-il arrivé pour le fleuve des Enfers, pour le jar- « din des Hespérides, pour les Atlantes et l'Atlas (1). »

Et comparant les textes des anciens géographes qui décrivaient le lac Triton comme un grand lac, et le fleuve Triton comme un grand fleuve, et plaçaient ce lac et ce fleuve à proximité du golfe de Gabès, et les textes des géographes qui représentaient le lac Triton comme un lac minuscule, le fleuve Triton comme un ruisseau sans nom, et déterminaient l'emplacement de l'un et de l'autre dans la Cyrénaïque, M. Pomel ajoutait : « Non seulement le golfe ou le lac de Triton changeait de « forme, mais surtout de site ; et on ne peut déduire des « documents anciens rien autre chose que nos prémisses, « à savoir, un mythe (2). »

Et M. Élysée Reclus, faisant allusion à ce qu'on a cru l'incohérence des textes, ne craignait pas d'écrire : « Certes, « il serait inutile de vouloir faire concorder toutes « les assertions qu'ont émises les écrivains de l'an- « tiquité sur le fleuve et le lac Triton ; et d'ailleurs, il n'en « est pas une seule que l'on puisse concilier avec les « données anciennes. Toutes les identifications proposées

(1) *Revue scientifique*, année 1877 : « l'Ancienne mer intérieure. »
(2) *Ibid.*

« sont contredites par tel ou tel passage des auteurs. Où « placer avec certitude le fleuve Triton? Et le lac Triton « n'est-il pas ce bassin mystérieux que divers écrivains « font voyager sur tous les rivages méridionaux de la « Méditerranée, Strabon le plaçant à Bérénice, à l'orient « de la grande syrte, et Diodore le cherchant dans le « voisinage de l'Océan qui entoure la terre (1). »

Mais la solution proposée par M. Pomel ne pouvait obtenir l'approbation du monde archéologique. L'existence d'un lac Triton n'est pas seulement mentionnée aux âges mythiques, elle est affirmée aussi dans la série des temps qui appartiennent à l'histoire et jusqu'au dixième siècle de notre ère.

Indépendamment des poètes, trop d'historiens et de géographes antiques ont décrit le pays du Triton. Dans ces derniers écrits, les noms du lac et du fleuve antique ne se trouvent plus associés aux légendes, aux fables et aux mythes, mais à des faits historiques, à des descriptions géographiques ayant le caractère de précision que comportent tous les documents du même genre légués à nous par l'antiquité. Dans la description de l'Afrique notamment, au milieu de la nomenclature des fleuves de ce pays, vient toujours se ranger le nom du fleuve Triton. La description de la région qu'il arrose est intimement liée à la description des autres bassins de Libye, et les détails donnés sur la région tritonienne ne sont ni moins nombreux ni moins minutieux que ceux qui nous sont transmis sur les autres contrées de l'Afrique. Mais où chercher le pays du Triton, et l'eau sacrée près de laquelle naquirent et Minerve et Bacchus?

(1) *Géographie universelle*, tome X : « La Tunisie. »

CHAPITRE IV.

DÉCOUVERTE D'UN NOUVEAU BASSIN HYDROGRAPHIQUE EN TUNISIE.

Ainsi qu'il est facile de le voir, on s'est toujours obstiné à chercher l'emplacement de l'ancienne mer intérieure dans le golfe de Gabès actuel, ou à l'est de ce golfe. Jusqu'ici, il n'était venu à l'idée de personne de remonter un peu plus au nord de cette ville, et de demander au littoral de la Tunisie centrale les vestiges de la baie de Triton, qu'on recherchait en vain dans l'extrême sud de la régence de Tunis et dans celle de Tripoli. Il est vrai de dire qu'en ce qui concerne cette portion de la Tunisie, les notions géographiques que nous possédions étaient à peu près nulles. Sur les cartes, l'immense plaine s'étendant du Sahel aux hautes montagnes de l'Ouest était laissée en blanc. De toute cette région on n'avait guère parcouru que les routes de Tunis et de Sousa à Kaïrouan. Le long de ces deux routes, les explorateurs avaient soigneusement relevé les lieux de leur passage, rigoureusement déterminé les distances de ces lieux entre eux; leurs indications étaient d'une grande exactitude, et depuis, elles ont été d'une réelle utilité aux colonnes mobiles qui ont eu pour mission de battre le pays. Mais les voyageurs avaient dû suivre les routes des caravanes, subordonnées elles-mêmes, comme cela a lieu dans toute l'Afrique du nord, aux points d'eau. Un attrait particulier faisait d'ailleurs toujours prendre ces routes aux archéologues qui exploraient la région.

Les diverses couches de population qui se sont succédé dans le pays se sont, depuis un temps immémorial, groupées autour des sources et des cours d'eau, et toutes les villes, tous les gros bourgs de l'époque romaine se trouvaient dans leur voisinage. Aussi, de vastes espaces situés loin des points obligés de passage ne nous étaient pas connus. Des régions entières, la Khroumirie, le Sràa-Ouartan, la zone située entre Gafsa, Feriana et l'Algérie, n'avaient pas été explorées; et, à la veille de l'expédition tunisienne, la description du pays Khroumir pouvait être présentée au public comme une nouveauté géographique (1).

Sur les diverses cartes qui, à l'occasion de la guerre de Tunisie, virent le jour tant en France qu'en Allemagne, en Italie et en Algérie, la mention « régions inexplorées » s'étalait en larges lignes au nord et au midi de la latitude de Kaïrouan, absolument comme s'il s'était agi d'une de ces régions équatoriales qui s'étendent du Congo au lac Tchad et aux Grands lacs. Aux portes de l'Algérie, cette fraction de la région tunisienne était restée un pays aussi inconnu que certaines portions de l'Asie Mineure, de l'Arabie ou du grand plateau central du continent asiatique. Il est juste de reconnaître que cette ignorance si complète, devait être attribuée en grande partie aux difficultés fort sérieuses qu'avait à surmonter tout voyageur qui avait conçu le projet de pénétrer jusqu'à Kaïrouan. Trop heureux d'avoir obtenu l'autorisa-

(1) Drapeyron, *Revue de Géographie :* « Le pays Khroumir, année 1880. »

tion du bey, et surtout d'avoir vu cette autorisation ratifiée par les autorités religieuses de la ville, le téméraire explorateur ne songeait guère à aller étudier sur place, ce qu'il n'aurait d'ailleurs jamais pu faire sans danger, la configuration du sol ou les particularités géographiques de la région qui entoure Kaïrouan. Aussi était-il impossible d'arriver par l'inspection seule des cartes, à se faire une idée du système hydrographique de la Tunisie centrale. Quelle était l'origine, la direction, la terminaison des cours d'eau qui sillonnaient ce pays? Existait-il un système hydrographique indépendant pour le centre de la Tunisie, comme il en existait un pour le nord et le sud de la Régence? Quelle était l'orientation des montagnes? Où se trouvait la ligne de partage des eaux du bassin de la Medjerdah, du bassin des chotts et de la région intermédiaire? Les cartes reproduisaient assez exactement certaines portions du bassin des chotts, mais elles étaient muettes ou ne donnaient que des indications contradictoires pour tout ce qui était du domaine de la Tunisie du centre. A ce point de vue, elles étaient bien l'interprète fidèle des doutes et des perplexités des géographes. Sur la carte dressée par l'état-major français du Ministère de la guerre, d'après les indications de Von Falbe et du capitaine Pricot de Sainte-Marie, on voyait tracées des montagnes ou des sebkhas aux contours indécis, des fragments d'oueds reliés les uns aux autres par une série de pointillés hypothétiques, ou même isolés; de grands espaces surtout étaient laissés vides de toute indication. Ni les cartes allemandes, ni les autres cartes françaises ou algériennes ne s'accordaient entre elles. Deux points seulement paraissaient mis hors de toute discussion :

Docteur Rouire._Tunisie. PL. II

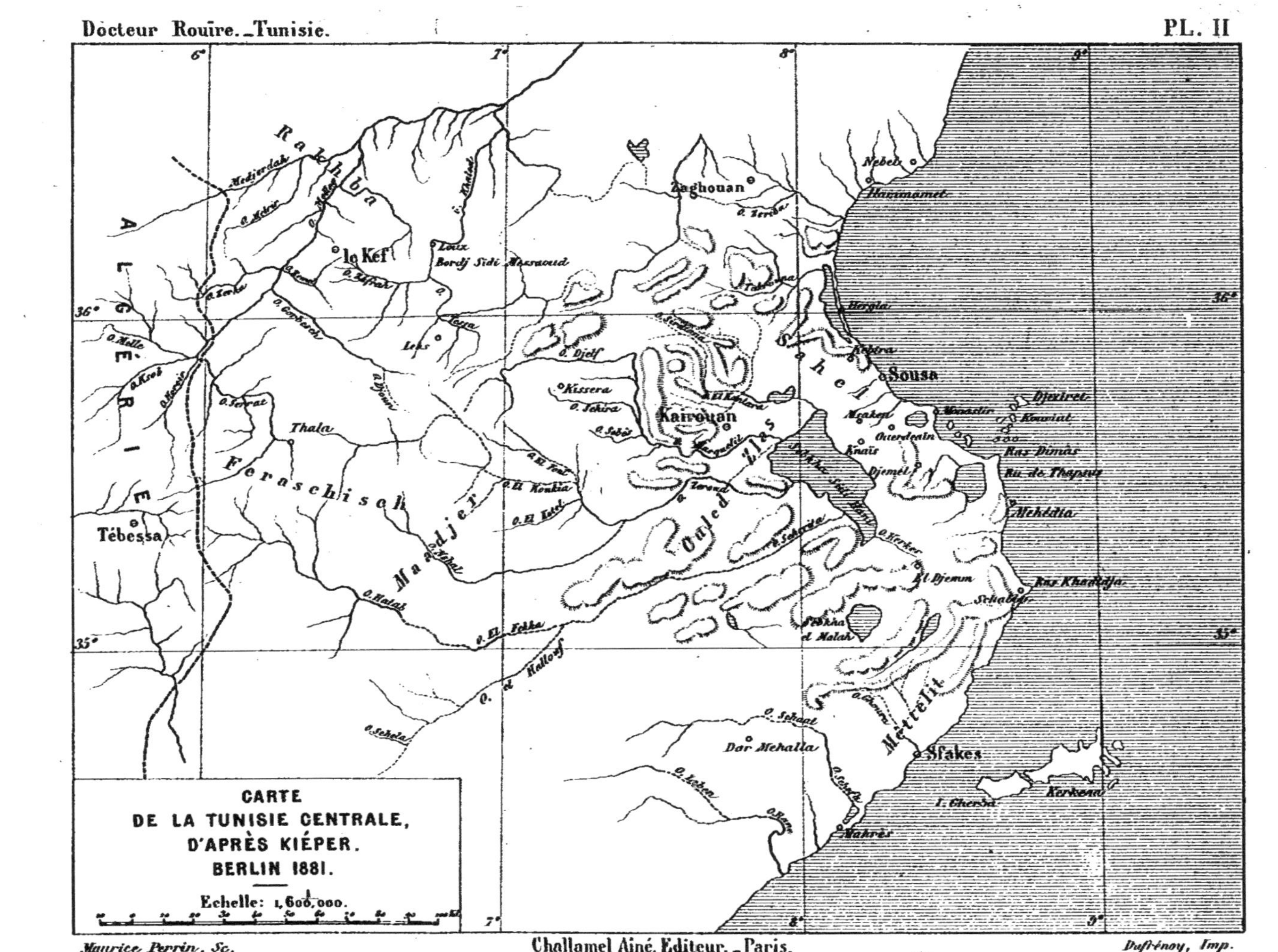

Maurice Perrin, Sc.
Challamel Aîné, Editeur._Paris.
Dufrénoy, Imp.

l'existence en aval de Kaïrouan de deux grandes dépressions où s'accumulaient les eaux, l'une au nord, indiqué sous le nom de lac Salé ou de lac Kelbiah, l'autre au midi, sous le nom de sebkha de Sidi-el-Hani. Les dimensions du lac Kelbiah variaient avec chaque carte; mais toutes nous le montraient comme très peu étendu, situé fort avant dans l'intérieur des terres, à une distance minimum de 30 à 35 kilomètres du littoral, et ne recevant aucun affluent important. La sebkha de Sidi-el-Hani, par contre, beaucoup plus considérable, était séparée de la mer par toute l'épaisseur du soulèvement calcaire qui constitue le Sahel. De grandes rivières marquées comme ayant leur source près du méridien de Tebessa, l'oued Mansour, l'oued Chérita, venaient y déverser la plus grande partie des eaux descendues des montagnes de l'intérieur (1).

Une seule carte faisait exception. Quatre années avant l'expédition de Tunisie, le capitaine Zaccone, détaché à Tebessa, avait occupé ses loisirs à se procurer des renseignements sur la géographie de la Tunisie. Recueillis avec beaucoup de soin, ces renseignements différaient notablement des données géographiques actuelles. Sur la carte de Tunisie qui fait suite au livre de renseignements que M. Zaccone publia sur la Régence, l'on voit, dessinée de Tebessa à Erghéla, une longue artère coupant dans toute son épaisseur la Tunisie centrale. Malheureusement, ces indications n'étaient basées sur aucune relation d'exploration européenne, et elles n'avaient pas en Europe suffisamment attiré l'attention.

Tous ceux qui ont accompagné nos colonnes expéditionnaires et qu'intéresse l'étude de la géographie, purent

(1) Voir carte II.

constater, dès les premiers pas faits dans l'intérieur du pays, que ces données étaient absolument fausses. Une colonne sous les ordres du colonel Moulin et dont je faisais partie, avait reçu pour mission de contourner le lac Kelbiah. Il fut reconnu tout d'abord que ce lac si peu étendu sur les cartes, avait des dimensions cinq ou six fois plus considérables. Il fallut près de trois jours pour en faire le tour. Les relevés topographiques exécutés depuis lors, donnent à son périmètre un développement de 45 kilomètres. Sa profondeur atteint une moyenne de 3m 50cm; le volume de ses eaux a pu être estimé à 350 millions de mètres cubes. C'est le lac le plus considérable de l'Afrique du nord; il a de l'eau en toute saison et peut porter de grosses barques de pêche. Dans l'intérieur des terres, la nappe d'eau s'arrête à 14 kilomètres nord-ouest de Kairouan; du côté de la mer, elle est à 18 kilomètres du littoral. Entre elle et le golfe de Hammanet se trouve une sebkha communiquant avec la mer à pleine embouchure, la sebkha Djériba. La sebkha est elle-même réunie au lac Kelbiah par une rivière sans berges appelée l'oued Menfès. Pendant l'été et dans les années ordinaires, c'est-à-dire toutes les années où de grandes pluies ne viennent pas s'abattre sur la contrée, le lit de l'oued Menfès ne renferme de l'eau que par places interrompues. Mais que des pluies surviennent, et que ces pluies soient assez abondantes pour élever d'une quantité suffisante le niveau des eaux du lac, et aussitôt l'oued Menfès s'emplit et déverse les eaux du lac Kelbiah dans la sebkha Djériba. Celle-ci, inondée aussi, déborde sur le pays, et, par des solutions de continuité existant encore dans le cordon littoral, envoie le trop plein de ses eaux à la mer.

Tels furent les nouveaux faits géographiques que l'exploration de cette région fit connaître. Comme on le voit, ils différaient singulièrement des anciennes données.

Non moins importantes furent les découvertes en amont du lac Kelbiah. Ceux qui ont fait le chemin de Sousa à Kaïrouan se rappellent encore la surprise qu'ils éprouvèrent lorsque, quelques kilomètres avant d'atteindre la ville, ils virent se développer sur la route deux grandes sebkhas, allongées en forme de fuseau parallèlement l'une à l'autre et ayant la même orientation que le lac Kelbiah. Non loin d'elles, deux autres sebkhas de moindres dimensions se trouvaient côte à côte, séparées des premières par de simples ondulations de terrain. Ni les unes ni les autres n'étaient mentionnées sur les cartes. L'ensemble de ces sebkhas couvre un espace de 7 kilomètres, et, à l'époque des pluies, ne forme plus qu'un immense bourbier. Tout d'abord, on crut avoir affaire à un groupe de sebkhas isolées en pleine terre, mais on ne tarda pas à reconnaître qu'elles se continuaient au midi avec un long cours d'eau venu de l'ouest et appelé dans le pays l'oued Zéroud. Les sebkhas n'étaient qu'une énorme dilatation de ce cours d'eau, et les indigènes, qui connaissaient bien ce détail, avaient donné à ces deux bras d'un même fleuve le nom d'oued Bagla.

En combinant ce qu'on avait sous les yeux avec les indications fournies par les cartes, on fut conduit à admettre que l'oued Bagla se jetait dans le lac de Sidi-el-Hani. Mais des explorations ultérieures vinrent montrer que ces deux bras se réunissaient en un lit unique, que ce lit unique remontait toujours vers le nord-est dans la direction du lac Kelbiah, et venait enfin y aboutir par une sorte de canal étroit, à berges élevées de plusieurs mètres. Ces découvertes renversaient toutes les idées reçues. Le lac Kelbiah devenait le réservoir des eaux descendues de l'Atlas tunisien amenées à lui par l'oued Bagla. Par contre, la sebkha de Sidi-el-Hani, malgré sa vaste étendue, n'était plus qu'un grand bassin intérieur, ne recueillant que les eaux tombées à la surface même de la sebkha ou celles de quelques oueds peu importants, et dont le plus considérable, l'oued Chérita, fut reconnu plus tard n'avoir qu'une trentaine de kilomètres de parcours.

Pour avoir une idée complète du système hydrographique du lac Kelbiah, il restait à connaître l'étendue de l'oued Bagla et de ses divers affluents. Dans le pays, les opinions étaient partagées sur l'origine et le parcours de cette grande artère, sur le nombre et la direction de ses affluents. Ce n'est pas que le problème n'eût, maintes fois, piqué la curiosité des indigènes et des Européens. A Sousa et sur la côte, les gens du pays qui connaissaient tous les détails relatifs à la nappe d'eau du Kelbiah, s'étaient souvent demandé d'où sortait le grand fleuve qui se déversait dans ce lac. Tant qu'il ne pleut pas, l'oued Bagla, comme tous les grands oueds de l'Afrique, est en partie à sec; mais rien n'égale la violence impétueuse de ses eaux, dès qu'un orage éclate dans la région des plateaux. On le voit alors charrier des tentes, des chameaux, des chevaux. La crue est si rapide, que les caravanes qui traversent son lit peuvent être surprises par l'arrivée soudaine des eaux, et entraînées avant d'avoir atteint le bord opposé. Les riverains du lac avaient pu remarquer que, parmi les objets entraînés, beaucoup appartenaient aux Hammemas, aux Fraichichs, tribus qui sont dans le voisinage de la frontière algérienne, et en avaient conclu que cette grande rivière venait de Tébessa même ou des environs. A cela d'autres répondaient que des tentes et des chameaux appartenant aux tribus de l'intérieur, aux Zlass, aux Mejeurs, aux Khralifah-Sendacin, aux Ouled-Ayar, avaient été vues, aussi au milieu des flots. Quelques années avant l'expédition française, un habitant de Sousa essaya de résoudre à lui tout seul le problème.

C'était un riche propriétaire, maître d'un immense domaine au sud du lac Kelbiah, s'étendant sur les deux rives de l'oued Bagla. Au moyen d'une rigole creusée dans l'épaisseur des berges de l'oued, il était parvenu à détourner une partie des eaux qui, à l'époque des crues, se précipitent dans le lit du fleuve, et par un barrage intelligemment emménagé, il en pouvait régler le débit à volonté. Grâce à ce système d'irrigation, il était devenu l'heureux possesseur d'un des terrains les plus productifs de la Tunisie. Le désir lui prit de connaître la source première des eaux qui, en amenant la crue de l'oued Bagla, faisaient sa fortune. Il envoya un Arabe des tribus à sa propriété de Kroussiah, avec ordre d'entrer dans le lit de l'oued Bagla, alors à sec, d'aller droit devant lui et de marcher jusqu'à ce qu'il n'y eût plus trace de lit quelconque. Au croisement de deux oueds, il devait, en cas de doute, remonter le thalweg qui lui paraîtrait le plus considérable, puis le redescendre, et recommencer la même opération pour l'autre artère dont il aurait vu l'embouchure. Cet homme resta en route un temps assez considérable ; à son retour, il annonça qu'il avait pu suivre le lit de la rivière jusqu'à Laghouat. Cette version trouva peu de crédules sur la côte, et la question fut considérée comme n'ayant pas fait un pas.

Croyant les habitants de Kaïrouan mieux informés que ceux de Sousa, mon premier soin, dès notre arrivée dans la ville, fut de m'informer, auprès des gens instruits, de l'origine et du parcours de l'oued Bagla. « Cette rivière, « me répondit le général M'Raboth, ferik (gouverneur) « de Kaïrouan et de tout le sud de la Régence, ne vient « pas de Tebessa comme le croient les habitants de Sousa « et comme le disent les Fraichichs. Elle est formée de la « réunion de deux grands oueds venus des montagnes du « nord, à l'occident du Zaghouan : l'un s'appelle l'oued « Zéroud, l'autre l'oued Marcuelil. Le premier a sa source « au Kef-el-Raï, sur le plateau des Hamadas, le second au « djebel (à la montagne) Ousselet, grand massif monta- « gneux situé en avant de Kaïrouan. »

Les renseignements fournis par d'autres habitants de Kaïrouan ne différèrent pas beaucoup de ceux qui m'avaient été donnés par le général M'Raboth. Je crus d'abord à un désaccord complet sur cette question entre les habitants des deux villes ; mais les explorations ultérieures vinrent me montrer que l'opinion des gens de Sousa et celle des habitants de Kaïrouan étaient également fondées. Il n'a pas fallu moins de dix-huit mois d'explorations, dirigées en tous sens, pour trouver la vraie solution du problème. Comme les habitants de Sousa, ceux de Kaïrouan avaient raison.

Toutes les eaux descendues de l'Atlas tunisien, depuis Tebessa jusqu'au Zaghouan, prennent deux directions différentes : celles qui tombent sur le versant occidental se dirigent vers le thalweg de la Medjerdah ; celles qui descendent du revers oriental vont s'accumuler dans le lac Kelbiah, où les conduisent de grandes artères aboutissant

PL. III

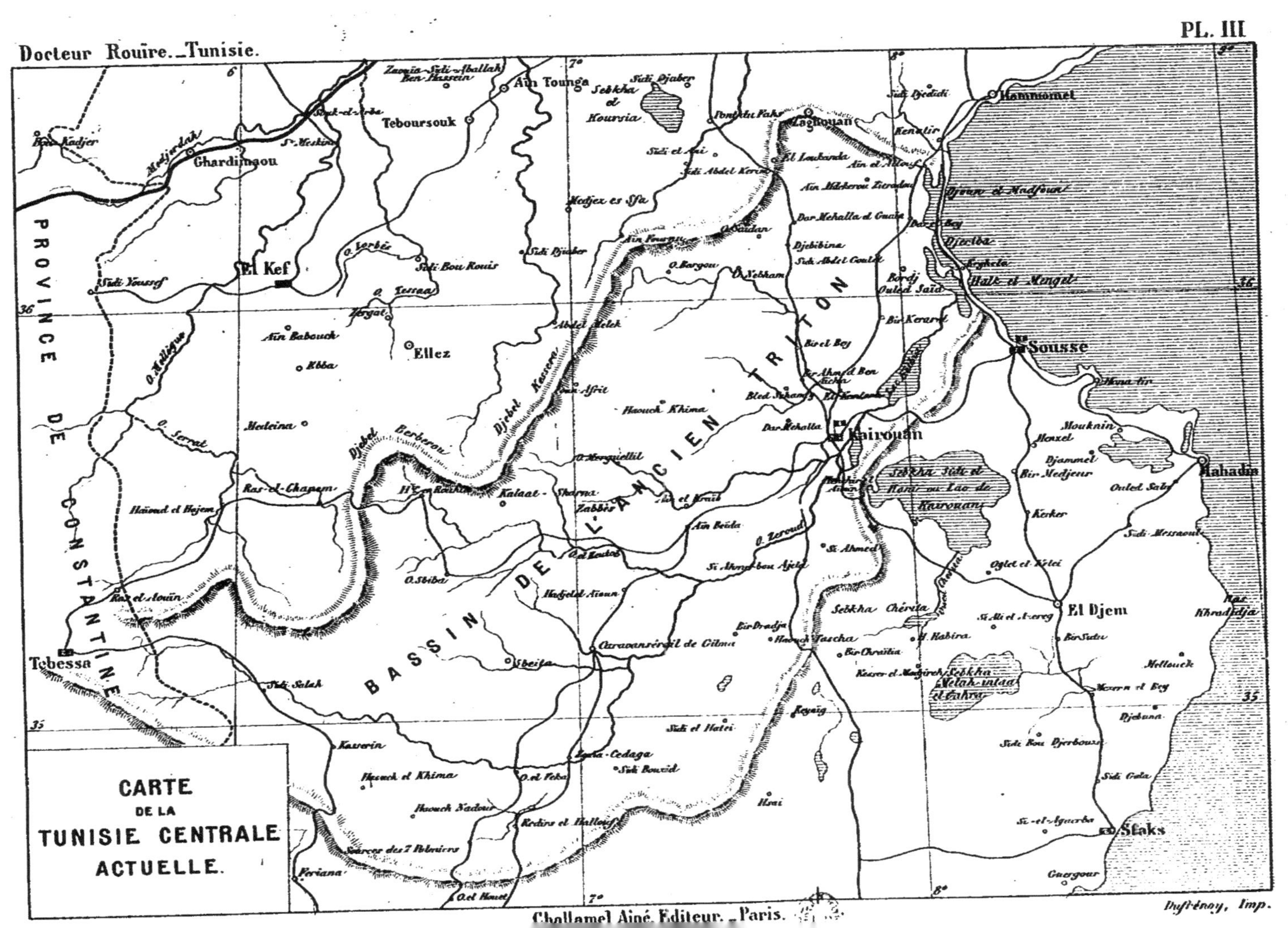

Challamel Ainé Editeur._Paris.

Dufrénoy, Imp.

toutes en définitive à l'oued Bagla. Les principales de ces rivières sont l'oued Fekka, l'oued Zbéitla, l'oued Zéroud, l'oued Marcuelil. D'elles toutes, l'oued Marcuelil est la plus importante par la largeur du lit et par le volume des eaux qu'elle roule à l'époque des pluies, sinon par la longueur de son cours, bien que ce cours soit supérieur à celui de l'oued Zbéitla, à peu près équivalent à celui de l'oued Zéroud, et ne le cède guère à celui de l'oued Fekka. L'oued Fekka, le plus méridional de ces oueds, vient de Tebessa. L'oued Marcuelil, qui coule beaucoup plus au nord, à hauteur de Kaïrouan, forme, par sa jonction avec l'oued Zéroud, le lit de l'oued Bagla. Dans le haut de son cours, il contourne le pied de deux massifs, le Kessera et l'Ousselet, et ce sont les eaux qui se divisent sur la crête et qui descendent du versant occidental de ces montagnes qu'il déverse dans l'oued Bagla.

Aujourd'hui les nouvelles cartes du Dépôt de la guerre, reproduisant les consciencieux travaux de nos brigades topographiques, permettent de constater l'existence, au centre de la Tunisie, d'un système hydrographique indépendant, le bassin du lac Kelbiah. Ce bassin ne le cède nullement à celui de la Medjerdah par sa surface. Il embrasse toute l'étendue du plateau compris entre Tébessa, le Zaghouan et l'extrémité méridionale de la presqu'île de Hammamet au nord, et les montagnes de Feriana, de Sidi-Aïsch et du Majoura au midi. Toute la plaine de Kaïrouan, à l'exception de la cuvette fermée de Sidi-el-Hani, lui appartient. La Tunisie du centre a son système hydrographique distinct, tout comme la Tunisie du nord et comme la Tunisie du sud (1).

(1) Voir carte III.

Le régime des eaux dans la Tunisie centrale présente un intérêt particulier. Dans le nord, les oueds contiennent presque toujours et partout un filet d'eau ; dans le sud, on ne pourrait certes pas dire des fleuves que ce sont des chemins qui marchent, mais en revanche ce sont bien des chemins où l'on marche ; leur lit sablonneux et toujours desséché constitue les meilleures routes de la Régence, et celles que prennent de préférence les caravanes. Le régime des eaux dans la Tunisie centrale tient du nord et du sud. Le lit des oueds renferme encore de l'eau, mais ce n'est que par places et d'une manière intermittente, les eaux qui, à l'époque des pluies, tombent sur le plateau central de la Tunisie s'écoulant, de thalwegs en thalwegs, jusqu'à ce lit du Zéroud et du Marcuelil. Le rendez-vous général est la pleine de Kaïrouan. Là le Zéroud et le Marcuelil se réunissent. Un premier lac apparaît sur leur parcours, la sebkha de l'oued Bagla, tantôt à sec, tantôt pleine d'eau, suivant la saison ; puis, un deuxième lac contenant toujours de l'eau, le lac Kelbiah, relié, lui aussi, à une troisième cuvette, la sebkha de Djériba, et c'est seulement après avoir traversé cette série de lacs, que les eaux venues de l'oued Zéroud et du Marcuelil vont se mêler, et cela malgré la formation d'un mince cordon littoral, à celles du golfe de Hammamet.

CHAPITRE V.

ADAPTATION DES DONNÉES ANCIENNES AU NOUVEAU BASSIN HYDROGRAPHIQUE DE LA TUNISIE CENTRALE.

En présence de ces découvertes, il devenait intéressant de saisir les rapprochements qui pouvaient exister entre le fleuve nouvellement découvert dans la Tunisie centrale et l'ancien fleuve Triton. Il n'était nullement téméraire de se demander si les lacs ou les sebkhas, s'échelonnant sur le parcours de l'oued Marcuelil, n'avaient pas quelque analogie avec les lacs qui se trouvaient sur le parcours du fleuve Triton, et si l'un de ces lacs n'était pas l'ancien lac Triton lui-même.

Pour mener à bien une telle investigation, il fallait procéder à une minutieuse revision des textes anciens, et dégager de ces textes toutes les particularités géographiques relatives au pays tritonique; il fallait, de plus, connaître à fond la configuration du sol de la Tunisie centrale et du littoral du golfe de Hammamet.

Il est bon de remarquer tout d'abord, que malgré la longueur d'une discussion qui se traînait depuis près de deux siècles, et malgré la généralisation de cette discussion dans le monde scientifique, plusieurs des indications contenues dans les textes anciens avaient jusqu'alors échappé à l'attention. Bien plus, en dehors des textes cités par les érudits qui avaient voulu attacher leur nom à la solution de ce grand problème, il en existait d'autres qui n'avaient pas encore été introduits dans le débat. Chose singulière, ces textes non cités étaient précisément ceux-là mêmes qui pouvaient apporter le plus de lumière dans la discussion.

Ainsi, le fragment de Scylax mentionné par Shaw, par Mannert et par Carette, n'est pas le seul passage où cet auteur nous ait donné des renseignements sur l'ancien pays tritonique. Ce passage n'existe pas à l'état de fragment isolé dans le Périple, mais fait partie intégrante d'une description consacrée tout entière au littoral de la Byzacène. Dans l'édition que F. Didot nous a donnée des Petits Géographes grecs, cette description est contenue dans le paragraphe 110. Dans ce paragraphe, le navigateur grec qui a déjà exposé les particularités de la côte d'Égypte et de la Cyrénaïque, aborde enfin l'extrémité méridionale de la Byzacène. Qu'on nous permette de reproduire de ce paragraphe toutes les données relatives à la région du Triton.

I. TEXTE DE SCYLAX.

§ 110. Λωτοφάγοι. — Τὰ δὲ ἔξω τῆς Σύρτιδος παροικοῦσι Λίβυες Λωτοφάγοι ἔθνος μέχρι τοῦ στόματος τῆς ἑτέρας Σύρτιδος. Οὗτοι λωτῷ χρῶνται σίτῳ καὶ ποτῷ. Ἀπὸ δὲ Νέας πόλεως τῆς Καρχηδονίων χώρας Γράφαρα πόλις. Ταύτης παράπλους ἡμέρας μιᾶς ἀπὸ Νέας πόλεως. Ἀπὸ δὲ Γραφάρων Ἀβρότονον πόλις καὶ λιμήν. Ταύτης ὁ παράπλους ἡμέρας μιᾶς. Ἀπὸ δὲ Ἀβροτόνου Ταριχεῖαι, πόλις καὶ λιμήν. Παράπλους ἀπὸ Ἀβροτόνου ἡμέ-

§ 110. Les Lotophages. — Au delà de cette syrte (la Grande Syrte) habite la nation des Lotophages jusqu'à l'embouchure de l'autre syrte. Ce peuple se nourrit du fruit du lotus et se sert aussi de ce produit en boisson. Au delà de Néapolis est la ville de Graphara, qui est au pouvoir des Carthaginois. De Néapolis à Graphara la navigation est d'une journée. Après Graphara est la ville

ρας μιᾶς. Κατὰ δὲ ταῦτά ἐστι νῆσος, ᾗ ὄνομα Βραχείων, μετὰ Λωτοφάγους κατὰ Ταριχείας. Ἔστι δὲ ἡ νῆσος αὕτη σταδίων τ', πλάτος δὲ μικρῷ ἐλάττων. Ἀπέχει δὲ ἀπὸ τῆς ἠπείρου ὡσεὶ στάδια γ'. Ἐν δὲ τῇ νήσῳ γίνεται λωτὸς ....

....

....

....

....

....

....

....

....

Ἀπὸ δὲ τῆς νήσου εἰς Ἔπιχον πλοῦς ἡμέρας ἡμισείας. Ἀπὸ δὲ Ἐπίχου [εἰς Μακομάδα ἢ Νεάπολιν] πλοῦς ἡμέρας· καὶ νῆσος ἔπεστιν ἐπ' αὐτῇ ἐρήμη. Μετὰ δὲ ταύτην Κερκινῖτις νῆσος καὶ πόλις, καὶ κατὰ ταύτην [Κερκινῖτιν] Θάψος. Παράπλους ἀπὸ ταύτης εἰς Θάψον ἡμέρας καὶ ἡμίσεως. Ἀπὸ δὲ Θάψου [καὶ Λέπτεως] τῆς μικρᾶς καὶ Ἀδρύμητός ἐστι κόλπος μέγας εἴσω, ἐν ᾧ ἡ Σύρτις ἐστὶ ἡ μικρὰ, Κερκινῖτις καλουμένη, πολὺ τῆς ἄλλης Σύρτιδος χαλεπωτέρα καὶ δυσπλοωτέρα, ἧς τὸ περίμετρον στάδια, ͵β. Ἐν ταύτῃ τῇ Σύρτιδι ἐνέστηκεν ἡ νῆσος Τριτωνὶς καλουμένη καὶ ποταμὸς Τρίτων, καὶ αὐτόθεν ἐστὶν Ἀθηνᾶς Τριτωνίδος ἱερόν. Στόμα δὲ ἔχει ἡ λίμνη μικρὸν, καὶ ἐν τῷ στόματι νῆσος ἔπεστι· καὶ ὅταν ἀνάπωτις ᾖ, ἐνιότε ἡ λίμνη οὐκ ἔχειν εἴσπλουν ἐστὶ φαίνουσα. Ἡ δὲ λίμνη αὕτη ἐστὶ μεγάλη, τὸ περίμετρον ἔχουσα ὡς σταδίων χιλίων. Περιοικοῦσι δὲ αὐτὴν Λίβυες πάντες ἔθνος, καὶ πόλις τὰ

et le port d'Abrotone. De l'une à l'autre, la navigation est d'une journée. Après Abrotone est le port de la ville de Tarichies. D'Abrotone à Tarichies la navigation est d'une demi-journée. Après Tarichies est une île que l'on appelle Brachion, ou île des Lotophages. La longueur de l'île est de 300 stades, la largeur est un peu moindre. Elle est à trois stades du continent. Dans cette île croît le lotus ....

....

....

De cette île à la ville d'Epichos la navigation est d'une journée et demie. De là [à Macomade] la distance est d'une journée. Auprès de Macomade est une île déserte, et après cette île vient l'île de Cercinna où se trouve une ville. En face de Cercinna est Thapsus. De cette île à Thapsus la navigation est d'une journée et demie. De Thapsus l'on va à la petite [Leptis] et de la petite Leptis à Adrumète, et au-dessus de ces villes un grand golfe s'enfonce dans l'intérieur des terres; dans ce golfe est une petite syrte qu'on appelle Cercinnitique, beaucoup plus périlleuse et dangereuse que l'autre syrte. Son périmètre est de 2,000 stades. Dans cette syrte se trouve une île [Triton] ainsi qu'un fleuve Triton, et là s'élève aussi un temple dédié à Athéné Tritonide. La lagune a une ouverture étroite [sur la mer]; au milieu de

ἐπέκεινα πρὸς ἡλίου δυσμάς......
....
...........................Μετὰ δὲ τὴν Σύρτιν ταύτην Νεάπολίς ἐστι. Παράπλους δὲ ἀπὸ Ἀδρύμητος ἐπὶ Νέαν πόλιν ἡμέρας ἐστί. Μετὰ δὲ Νέαν πόλιν Ἑρμαία ἄκρα καὶ πόλις. Παράπλους ἀπὸ Νέας πόλεως εἰς Ἑρμαίαν ἡμέρας καὶ ἡμίσεως. Ἀπὸ δὲ Νέας πόλεώς ἐστιν εἰς ἰσθμὸν στάδια ρπ' πεζῇ πρὸς τὴν ἑτέραν θάλασσαν τὴν πρὸς Καρχηδόνα.............
.... Παράπλους ἀπὸ τοῦ ποταμοῦ ἐντεῦθεν εἰς Καρχηδόνα ἥμισυ ἡμέρας. Ἡ δὲ Καρχηδονίων χώρα ἐστὶν ἐν κόλπῳ (1).

cette ouverture se trouve une île, et au reflux de la mer, il semble parfois impossible de faire pénétrer les vaisseaux dans le lac. Cette lagune est grande; elle a près de 1,000 stades de pourtour. Une peuplade de Libyens habite sur les bords du lac, et leur ville se trouve située au couchant. Après cette syrte vient Néapolis. D'Adrymes à Néapolis la navigation est d'un jour. Après Néapolis est le promontoire et la ville de Mercure. De Néapolis au cap Minerve la navigation est d'un jour et demi. De Néapolis vers l'isthme par la voie de terre, on compte 180 stades jusqu'à l'autre mer qui baigne les murs de Carthage.............
.... Le trajet depuis le fleuve que l'on rencontre en ce lieu jusqu'à Carthage est d'une journée et demie. Le pays des Carthaginois est situé dans ce golfe.

La première syrte dont parle Scylax, celle au delà de laquelle vivent les Lotophages, est la Grande Syrte.

(1) Entre tous les auteurs qui ont donné sur le lac Triton des détails précis, je cite Scylax d'abord, parce que cet auteur paraît avoir vécu à la fin du sixième siècle, et par conséquent avant Hérodote. Pour ma part, je m'associe pleinement aux conclusions suivantes de Gail : « Le Périple attribué à Scylax est très probablement sorti de la plume du Scylax auquel fait allusion Hérodote; il a été rédigé à la fin du sixième siècle ou au commencement du cinquième siècle avant J.-C., et il n'a subi qu'un très petit nombre d'altérations inévitables. » (Gail, *Dissertation sur le Périple de Scylax.*) — Hérodote (livre IV, ch. XLIV) nous apprend en effet qu'il exista un peu avant lui un navigateur nommé Scylax, qui fut chargé par Darius, fils d'Hystape, de faire la reconnaissance des côtes de la Méditerranée. La plupart des commentateurs modernes, Dodwell, Vossius, Gronovius, le baron de Sainte-Croix, Niebhur, aboutissent aux mêmes conclusions que Gail.

Docteur Rouire. _Tunisie. PL. IV

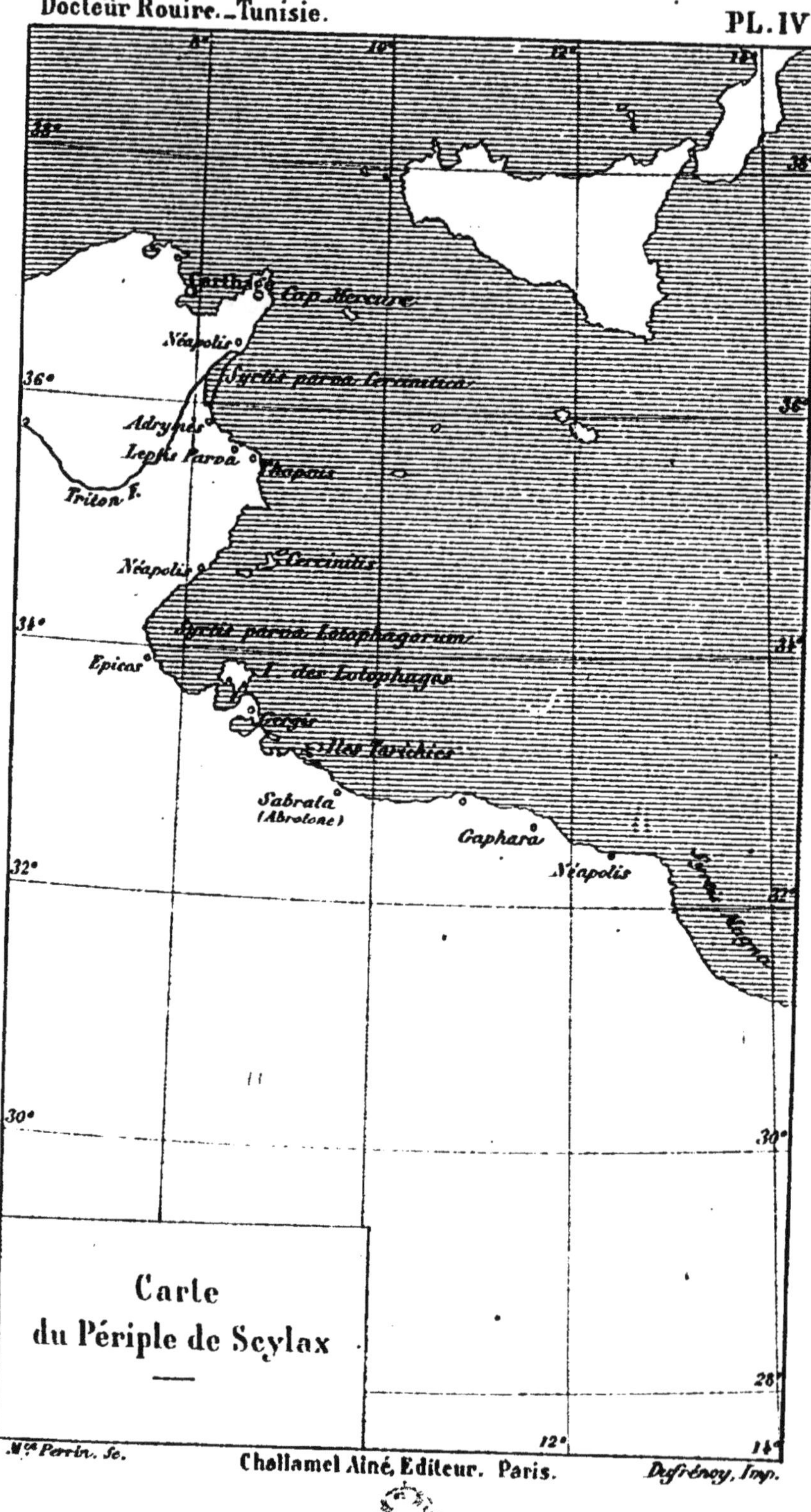

Mme Perrin, Sc. Challamel Aîné, Editeur. Paris. Dufrénoy, Imp.

L'autre syrte est celle dont il va parler tout à l'heure et dans laquelle vient se jeter le fleuve Triton. La nation des Lotophages s'étend entre les deux syrtes, dit-il, et il mentionne les villes qui, à partir de la Grande Syrte, et jusqu'à l'autre syrte, s'échelonnent sur le littoral. Ainsi successivement apparaissent Néapolis, Graphara, Abrotone, les îles Tarichies, l'île des Lotophages (Djerbah). Après l'île des Lotophages (et vers le nord) est la ville de Gichtis ou Epichos, puis Macomades (ou une deuxième Néapolis), et enfin l'île et la ville de Cercinna (1).

En face de Cercinna est Thapsus, puis (toujours vers le nord) Leptis Parva, enfin Hadrumète, et au-dessus (au nord) d'Hadrumète un grand golfe s'enfonce dans les terres. Dans ce golfe est la Petite Syrte, nommée Cercinnitique, bien plus dangereuse que l'autre syrte. Dans cette syrte se trouve le fleuve Triton. Après cette Syrte Cercinnitique se trouve Néapolis (troisième du nom), Le trajet d'Hadrumète à cette Néapolis par mer est d'une journée. Au delà de Néapolis est le promontoire de Mercure, puis Carthage.

La côte décrite par Scylax d'une manière si minutieuse est celle de Gabès à Nebeuil et à Carthage. Le long du golfe de Gabès se trouve Graphara, Abrotone, les îles Tarichies, Djerbah, Gichtis, Macomade, l'île Cercinna. Jusqu'ici nulle mention de la Petite Syrte, pas plus que du lac Triton. Nous remontons toujours, et nous voyons Thapsus (Ras Dimas), Leptis Parva (Lemta), puis Hadrumète (Sousse); c'est là qu'au nord de cette ville la mer se courbe en un grand golfe, au fond duquel se trouve la Petite Syrte Cercinnitique.

(1) Voir carte IV.

Au nord de cette Petite Syrte se trouve Nebeuil, séparée de Sousse par une journée de navigation; puis le cap Bon, puis Carthage.

Ainsi, dans ce paragraphe 110, Scylax précise à deux diverses reprises la situation de la Petite Syrte où se trouve l'île Triton.

Elle est d'abord au nord de Sousse. Elle est ensuite au midi de Nebeuil et du cap Bon. Et cette affirmation répétée est rendue encore plus saillante par le sens général du paragraphe 110.

C'est au nord de toutes les villes qui s'échelonnent depuis Djerbah jusqu'à Sousse, c'est au midi de Carthage, c'est enfin au fond du golfe de Hammamet que la syrte de Scylax est située. Or, ce sont précisément les deux passages contenant deux fois cette capitale affirmation qui n'avaient pas encore été mentionnés!

Ces nouveaux passages concernant l'emplacement du lac Triton ont, dès leur introduction dans le débat, soulevé de nombreuses contestations. M. Roudaire a commenté ainsi ce passage :

« Scylax, dit-il, signale l'embouchure de la Petite Syrte à l'occident du pays des Lotophages, puis l'île de Brachion, puis l'île de Cercinna. C'est alors que, revenant pour ainsi dire sur ses pas, il décrit la côte de la Petite Syrte et de la baie de Triton (1). »

Rien n'autorise cependant une pareille assertion. La préposition ἀπὸ, prise dans son sens général, veut dire *à partir de, au delà de* (2). Dans ce passage de Scylax

(1) Roudaire. La mer intérieure africaine. (*Archives des Missions scientifiques et littéraires.* 3ᵉ série, t. VII.)

(2) *Situation géographique comparée des syrtes et du lac Triton.*

ἀπὸ a une signification restreinte. Cette signification lui est donnée par la direction générale du Périple, qui va de l'Égypte à la Mauritanie, de l'orient à l'occident. Dans son voyage de circumnavigation, le voyageur remonte toujours vers l'ouest. Son point de départ étant à l'est, *au delà de* veut donc dire *à l'ouest*.

Nulle interprétation ne saurait obscurcir la donnée catégorique du géographe grec.

Suivant d'autres, cette partie du texte de Scylax ne saurait être invoquée dans la question qui nous occupe, parce qu'il a, à cet endroit même, subi une interpolation et une modification.

Le texte du géographe grec, en effet, ne nous est pas parvenu dans toute son intégrité. Entre les mots τῆς μικρᾶς et les mots ἀπὸ δὲ Θάψου, il existe une lacune.

L'original est ainsi conçu :

Κατὰ ταύτην Κερκιννῖτιν Θάψος. Ἀπὸ δὲ Θάψου........... τῆς μικρᾶς καὶ Δρονῖτις ἐστὶ κόλπος μέγας εἴσω, ἐν ᾧ ἡ Σύρτις ἐστὶ ἡ μικρὰ, Κερκιννῖτις καλουμένη, πολὺ τῆς ἄλλης Σύρτιδος χαλεπωτέρα καὶ δυσπλοωτέρα.	En face de Cercinna est Thapsus. Au delà de Thapsus........ ..... la petite, se trouve dans l'intérieur des terres, le grand golfe (Dronitis). Dans ce golfe est une petite syrte qu'on appelle Syrte Cercinnitique ; elle est d'une navigation beaucoup plus difficile et plus périlleuse que l'autre syrte.

Ainsi, qu'on le remarque bien, malgré la mutilation qu'il a subie, l'original indique que la Petite Syrte de Scylax est située au fond du golfe s'étendant au nord de Cercinna et de Thapsus. La lacune comprise entre les mots

Mémoire lu à l'Académie des Inscriptions par le Dr Rouire. (*Bulletin de l'Académie*, année 1884, 3e trimestre.)

ἀπὸ δὲ Θάψου et le mot τῆς μικρᾶς n'infirme en rien l'indication du Périple sur ce point.

L'interpolation et la modification qu'a subies l'original à cet endroit ne portent que sur cette lacune et sur le mot Δρονίτης. Vossius, et avec lui Clausenius et Fabricius, ont cru devoir remplacer ce mot par celui de Τριτωνίτης.

Ainsi modifié, le texte de Scylax devrait être entendu ainsi :

Κατὰ ταύτην (Κερκινῖτιν) Θάψος. Ἀπὸ δὲ Θάψου....... τῆς μικρᾶς Τριτωνίτης ἐστὶ κόλπος μέγας εἴσω.

En face de Cercinna se trouve Thapsus. Au delà de Thapsus... .... la petite, se trouve le grand golfe Triton.

Quant à la lacune elle-même, elle a été ainsi complétée par Fabricius. . . . .

Ἀπὸ δὲ Θάψου εἰς Λέπτιν τὴν μικρὰν πλοῦς. Ἀπὸ δὲ Λέπτεως τῆς μικρᾶς εἰς Ἀδρύμητα πλοῦς. Ἔστι κόλπος μέγας εἴσω.

Au delà de Thapsus, on remonte vers Leptis la petite. Au-delà de Leptis la petite, vers Hadrumète. Là, un grand golfe s'enfonce dans l'intérieur des terres.

Ch. Müller, de son côté, a, sur cette lacune, la même manière de voir. D'après lui, on doit lire :

Ἀπὸ δὲ Θάψου [καὶ Λέπτεως] τῆς μικρᾶς καὶ Ἀδρύμητός ἐστι κόλπος μέγας εἴσω.

Au delà de Thapsus, de Leptis la petite et d'Hadrumète, se trouve un grand golfe s'enfonçant dans l'intérieur des terres.

Gronovius ne s'est guère écarté de la version adoptée par Fabricius; il écrit ainsi :

Ἀπὸ δὲ Θάψου Λέπτις μικρὰ καὶ Ἀδρύμης ἐστὶ κόλπος μέγας εἴσω.

Au delà de Thapsus se trouvent Leptis la petite et Hadrumète. Là un grand golfe s'enfonce dans l'intérieur des terres.

Ainsi qu'on peut le voir, tous les commentateurs qui ont complété ou modifié le texte n'ont différé que dans la forme, tous ont été d'accord dans le fond. Que l'on adopte la modification proposée par Vossius en écrivant Τριτωνίτης, au lieu de Δρονίτις, ou bien les interpolations de Fabricius, de Gronovius et de Müller, en accolant le mot Λέπτις à celui de son qualificatif μικρὰ, et en écrivant Ἀδρύμης au lieu de Δρονίτις, les mots employés ont pu varier, l'idée reste la même. Ces diverses interpolations et modifications ont pour résultat, non d'amoindrir la signification transmise par l'original, mais de l'accentuer encore plus, de la faire ressortir davantage.

Détail bien digne d'être noté : les commentateurs, en complétant ainsi ce texte, allaient contre toutes les idées reçues à cette époque, idées qui identifiaient les chotts à la baie du Triton. C'est le sens général du Périple qui leur a servi de guide. Les récentes découvertes géographiques viennent de leur donner raison.

Il existe d'ailleurs un autre passage du Périple qui, pour la deuxième fois, détermine la position géographique de la baie de Triton. Ce passage ne peut prêter matière à plusieurs interprétations.

Il est ainsi conçu :

Μετὰ δὲ τὴν Σύρτιν ταύτην Νεάπολίς ἐστι. Μετὰ δὲ Νεάπολιν Ἑρμαία ἄκρα καὶ πόλις. Ἀπὸ δὲ Νέας πόλεως .... εἰς Καρχηδόνα.	Au delà de la Syrte se trouve Néapolis. Au delà de Néapolis sont le promontoire et la ville de Mercure. Au delà de Néapolis .... (on remonte) vers Carthage.

La syrte de Scylax se trouve donc mentionnée encore

ici comme étant située au midi de Néapolis, du cap Mercure et de Carthage.

Ainsi, même en n'admettant aucune des interpolations, qui cependant viennent toutes fortifier la portée de l'original, le texte du géographe grec établit nettement que la Petite Syrte de Scylax est située également, au midi de Neapolis, du promontoire de Mercure et de Carthage (1).

L'autre partie du texte du Périple qu'ont connue Shaw, Mannert, Carette et leurs partisans, contient de précieux détails sur la géographie du littoral tritonique. Malheureusement, ici encore, les commentateurs n'ont pu se mettre d'accord, et le texte lui-même légèrement altéré a prêté matière à des variantes. Les difficultés sont venues surtout de la manière dont on a entendu la signification géographique des deux termes employés par Scylax, les termes σύρτις et λίμνη.

Ces mots σύρτις et λίμνη ont divisé commentateurs et géographes, et c'est précisément dans la variété d'interprétations dont ces deux termes ont été jugés susceptibles qu'il faut chercher le point de départ de la théorie de Mannert.

On sait que le mot σύρτις (de σύρω, σύρειν, entraîner), entendu dans son acception générale, veut dire bas-fonds qui attirent, qui entraînent, bas-fonds où les vaisseaux s'échouent. On sait également que le mot λίμνη (synonyme en latin de *palus*) signifie nappe d'eau formant marais, que cette nappe d'eau soit située dans l'intérieur

(1) Cette discussion est extraite tout entière du mémoire inséré dans les comptes rendus de l'Académie des Inscriptions, année 1884, 3e trimestre, et intitulé : *Situation géographique comparée des Syrtes et du Triton*, par le Dr Rouire.

du continent ou qu'elle communique avec la mer. Ces deux significations des mots σύρτις et λίμνη ne paraissent pas, au point de vue géographique, opposées l'une à l'autre. Aussi Mannert le premier émit-il l'idée que le σύρτις et le λίμνη de Scylax se rapportaient à une même particularité géographique du littoral de la Byzacène, en d'autres termes, que le marais ou lac Triton (λίμνη Τριτωνίς) et la Petite Syrte Cercinnitique pouvaient bien ne faire qu'un, et comme dans la pensée de Mannert l'appellation Syrte ne pouvait désigner que le golfe de Gabès, le géographe allemand a cru que le lac Triton (λίμνη Τριτωνίς) était le golfe de Gabès lui-même.

Mais dans sa thèse *De Tritonide lacu*, M. Tissot, qui adoptait les idées de Shaw, a dégagé du texte même de Scylax des considérations qui s'opposent à l'adoption de l'interprétation de Mannert (1).

Le premier, en effet, M. Tissot a fait remarquer que, dans le texte grec, les deux mots σύρτις et λίμνη sont en opposition constante; que chacun d'eux fait l'objet d'une description particulière de la part de Scylax. De plus, le σύρτις et le λίμνη n'ont pas les mêmes dimensions, le σύρτις a mille stades, le λίμνη en a deux mille.

A l'exception de d'Avezac et de son école, tous les commentateurs qui ont précédé M. Tissot sont tombés d'accord en effet que le mot σύρτις et le mot λίμνη ne sont pas synonymes. Tous ont même admis à la première ligne de ce passage, ἐν ταύτῃ τῇ σύρτιδι, l'oubli du mot λίμνη qui figure à la ligne suivante. Ainsi que le dit fort bien

(1) Tissot, *De Tritonide lacu*, p. 20.

C. Müller, le λίμνη a été une partie du σύρτις. En d'autres termes, le lac Triton a été une partie de la Syrte Cercinnitique, non la syrte elle-même.

En résumé, dans la description de Scylax, il est question d'une syrte et d'une grande lagune faisant partie de la syrte ; la syrte ayant 2,000 stades et la lagune 1,000 stades environ de pourtour.

Certes, il est facile de retrouver la Syrte Cercinnitique dans le golfe de Hammamet qui s'étend du Ras Dimas à Néapolis et au cap Bon. Il est non moins aisé de constater que le périmètre du golfe rappelle assez exactement par ses dimensions le périmètre attribué par Scylax à la Syrte Cercinnitique. Mais où trouver au fond de ce golfe la grande lagune qui, au dire du géographe grec, ne compte pas moins de mille stades (185 kilomètres) de pourtour?

Lors de mes premières études, j'avais été amené à considérer le lac Kelbiah comme ayant été à l'époque historique un prolongement de la sebkha Djéribah et de la mer. Faisant appel, d'une part à mes observations personnelles, d'autre part à des études très consciencieuses faites par M. de Campoue, j'ai cru d'abord que l'ancienne lagune située au fond de la Syrte Cercinnitique dont parlait Scylax, ou l'ancienne mer intérieure d'Afrique comme l'appelait M. Roudaire, avait été un bras de mer formé du lac Kelbiah et de la sebkha Djéribah. Dans cette hypothèse, ce qu'on est convenu d'appeler l'ancienne mer intérieure d'Afrique eût été borné au nord par la chaîne des Souatirs, au midi par le plateau d'El Homek, à l'est par le seuil où s'est ouvert un chemin le fleuve qui, sous le nom de Bagla, amène au lac Kelbiah toutes les eaux de la Tunisie centrale. Comprise dans ces limites, l'ancienne mer intérieure d'Afrique aurait eu une longueur de 45 à 48 kilomètres et un pourtour de 185 kilomètres environ, c'est-à-dire qu'elle aurait eu réellement les dimensions que Scylax attribuait à la lagune située au fond de la Syrte Cercinnitique (1).

Je m'étais rallié à l'hypothèse d'une communication à l'époque historique du golfe d'Hammamet et du lac Kelbiah, parce que, lors de mon premier voyage en Tunisie, je n'avais pu relever ni un accident de terrain, ni une indication géologique qui pussent infirmer cette hypothèse, et aussi parce que je ne soupçonnais pas alors l'existence, sur le littoral du golfe de Hammamet, d'une grande nappe d'eau autre que celle du lac Kelbiah. En effet, dans ma première exploration autour de ce lac, j'avais bien pu apercevoir la sebkha Djéribah, mais il ne m'avait pas été permis d'en apprécier les dimensions; et dans le long séjour que je fis ensuite, soit à Sidi El-Hani, soit à Kaïrouan, je ne pus jamais trouver l'occasion d'explorer la sebkha Djéribah et le pays avoisinant, qui pour moi, avait cependant tant d'attraits. Depuis, les consciencieux travaux des brigades topographiques ont eu lieu, et les cartes du dépôt de la Guerre publiées sous la direction du colonel Perrier, ont restitué à ce pays sa physionomie véritable. D'autre part, la mission que M. le Ministre de l'Instruction publique a bien voulu me confier, a permis enfin de réaliser un espoir longtemps caressé, et de procéder à l'étude méthodique de cette portion du littoral.

Loin d'avoir les dimensions restreintes que les anciennes

(1) *Association française pour l'avancement des sciences* : Congrès de Blois, 1884.

cartes lui attribuaient, le système de lagunes qui prolonge le golfe de Hammamet occupe tout le fond de ce golfe. Du pied des derniers mamelons calcaires du Sahel jusqu'à moitié chemin d'Erghéla et d'Hammamet, les lagunes courent parallèlement à la côte sur une longueur qui n'est pas moindre de 52 à 55 kilomètres (1). Ce système se compose de deux lagunes principales, la sebkha Djériba et la sebkha Halk-El-Mengel, située l'une au nord, l'autre au midi d'Erghéla. En y comprenant les sinuosités du contour, le périmètre des deux sebkhas ne mesure pas moins de 120 à 125 kilomètres, mais l'espace recouvert par la lagune a été autrefois plus considérable.

Dans l'intérieur des terres, en effet, les sebkhas se prolongent par une série d'autres sebkhas qui sont entourées elles-mêmes de fonds marécageux à végétation saline. Toute cette partie du pays est recouverte, à l'époque des pluies, d'une vaste nappe d'eau s'étendant à l'intérieur jusqu'à 12 kilomètres, et ne formant avec la sebkha et jusqu'à la mer qu'une immense nappe d'eau continue. Ces terrains mal conquis sur les eaux ont autrefois appartenu aux deux lagunes d'une manière permanente. Leur surface, ajoutée à la surface occupée par la lagune, est enfermée dans un périmètre d'environ 165 à 175 kilomètres, chiffre qui se rapproche de celui que Scylax assignait à la lagune de la Syrte Cercinnitique (1.000 stades, 185 kilomètres).

Si le système des sebkhas du golfe d'Hammamet correspond, par son emplacement et par ses dimensions, à la grande lagune de Scylax, il présente en outre toutes les particularités géographiques que le navigateur de

(1) Voir carte V.

Docteur Rouire. _ Tunisie. PL. V

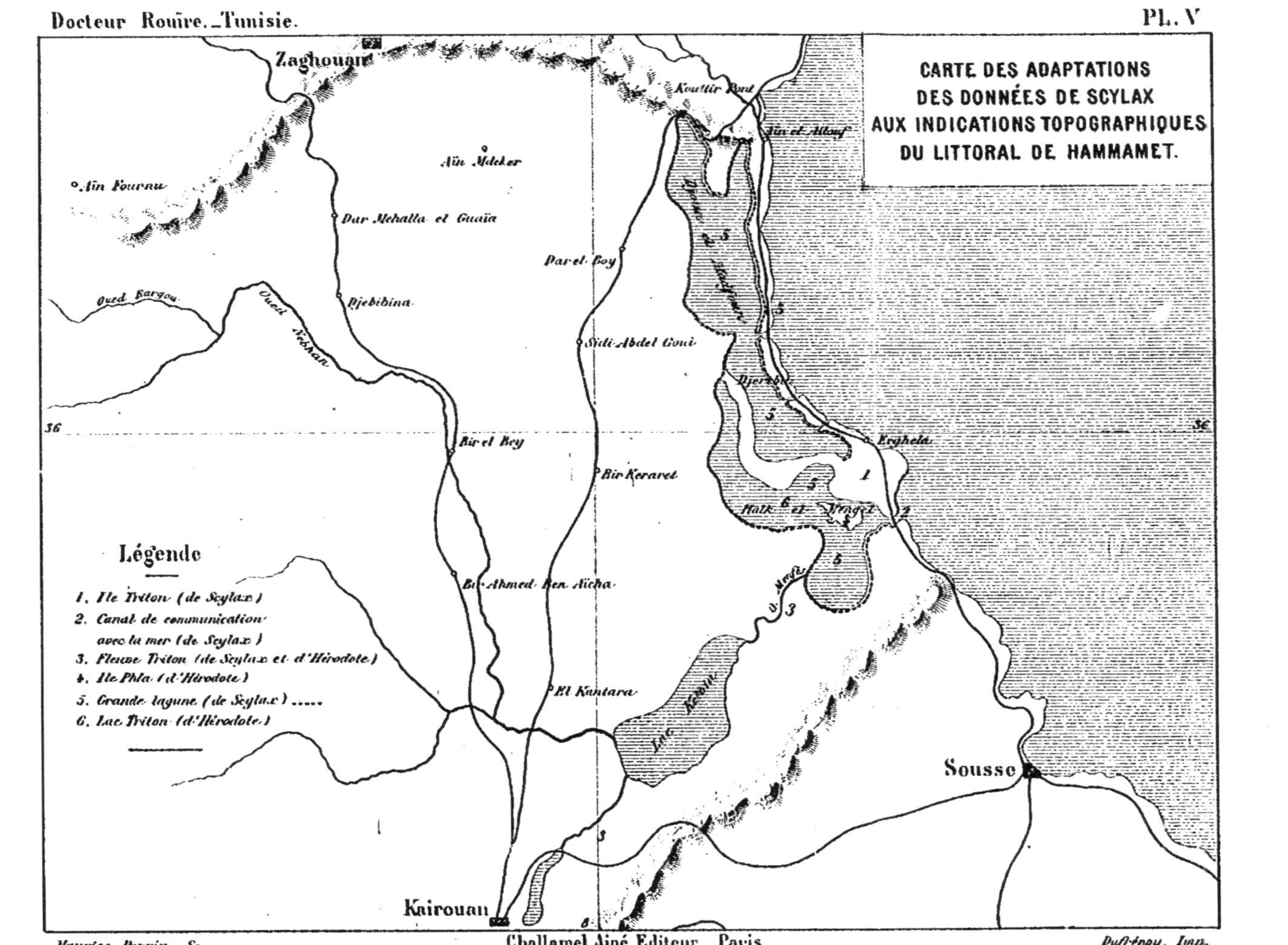

Maurice Perrin, Sc. Challamel Aîné, Editeur. _ Paris. Dufrénoy, Imp.

Caryande a signalées comme appartenant à la lagune située au fond de la Syrte Cercinnitique.

« Dans cette syrte, dit Scylax, est une île ainsi qu'un « fleuve Triton, et là aussi s'élève un temple d'Athéné tri- « tonide. La lagune a une embouchure étroite, et l'île est « dans cette embouchure. Et, lorsque la marée est basse, il « semble parfois impossible de faire pénétrer les navires « dans la lagune. »

Le Périple constate ici :

1° La communication de la lagune avec la syrte;
2° L'étroitesse de cette communication;
3° La présence d'une île à l'entrée de cette communication;
4° La pénétration possible à marée haute des navires dans la lagune;
5° L'embouchure d'un fleuve dans cette même lagune.

1° *Communication de la syrte et de la lagune.*

La sebkha Djériba qui, au nord d'Erghéla, s'étend le long du littoral d'Hammamet, n'est séparée de la haute mer que par un mince cordon littoral. Ce cordon littoral est percé en plusieurs points, et à travers ses diverses solutions de continuité, les eaux de la sebkha s'échappent vers la mer. Autrefois ces solutions de continuité étaient plus nombreuses. Le long de ce cordon, on reconnaît en effet plusieurs de ces anciennes bouches, obstruées et recouvertes par les dunes. Il en reste encore deux aujourd'hui, l'une au centre, qui va se comblant tous les jours, l'autre tout à fait au midi de la sebkha Djériba. Celle-ci, qui est la plus considérable, forme de ce côté un fossé qui sépare le cordon littoral du rocher sur lequel est situé Erghéla. De son côté, la sebkha Halk-el-Mengel communique aussi avec la mer. Dans la partie nord, cette sebkha, qui continue la sebkha Djériba, se trouve séparée de la mer par un prolongement calcaire, par une sorte d'éperon qu'envoie dans la direction de Sousa le mamelon d'Erghéla, puis ce prolongement disparaît. Alors commence une solution de continuité qui se prolonge jusqu'à la naissance des premiers coteaux du Sahel. Cette solution de continuité est telle que la sebkha Halk-el-Mengel communique à plein canal avec la mer. Même à l'époque des plus grandes sécheresses, elle n'en est séparée que par une simple barre analogue à celle que l'on observe au point de rencontre des eaux d'un fleuve et de la mer, et, dans le cas particulier qui nous occupe ici, identique à celle qui existe à l'embouchure de l'oued Mélian, et que la moindre poussée suffit à faire disparaître.

2° *Étroitesse de la communication.*

Ces deux embouchures sont fort étroites : l'une, celle de la sebkha Djériba, n'a pas plus de 15 mètres; l'autre, celle de la sebkha Halk-el-Mengel ne dépasse pas 60 mètres.

3° *Présence d'une île et situation de cette île au milieu de la communication.*

De l'une à l'autre embouchure de chacune des sebkhas, la côte, sablonneuse et plate, se relève. Un groupe de mamelons apparaît, d'une hauteur moyenne de 20 mètres, qui surplombent toutes les terres marécageuses environnantes. Du côté de la mer, on voit leurs falaises se dresser le long de la côte l'espace de plusieurs kilomètres, atteindre leur maximum de hauteur dans le voisinage d'Erghéla, puis disparaître brusquement aux embouchures des sebkhas. Dans l'intérieur des terres, on voit également leurs assises enveloppées de tous côtés, par les sebkhas qui vont se rejoignant et les isolent ainsi du continent. Aux moindres pluies, au moindre filet d'eau contenu dans les sebkhas, cette portion du littoral tunisien devient une île dans le sens absolu du mot. Pendant l'hiver, le bourg d'Erghéla, qui s'élève sur un de ces mamelons, a ses communications suspendues entre Sousa et Nebeuil, et, pendant l'été, on ne peut l'aborder qu'en traversant le fond desséché de la sebkha qui s'interpose entre les mamelons qui le supportent à l'intérieur du pays. Ce groupe de mamelons forme une île parfaitement délimitée au nord et au midi par les embouchures de la sebkha, à l'est par la mer, à l'ouest par les sebkhas elles-mêmes, et comme l'île de Scylax il est placé au milieu de la communication du système de lagunes avec la mer (1).

4° *Pénétration possible des navires à marée haute dans les lagunes.*

Pour quiconque a exploré cette portion du littoral, l'entrée des navires, à une époque plus ou moins reculée, dans l'intérieur de la sebkha ne peut faire doute. Les embarcations pouvaient s'aventurer dans la lagune, soit par la bouche de communication de la sebkha Djériba avec la mer, soit mieux encore par celle de la sebkha Halk-el-Mengel. Sur ce point, le souvenir de ce qui s'est passé autrefois s'est conservé dans le pays. Les nomades appar-

(1) Voir carte V.

tenant pour la plupart à la tribu de Ouled-Saïd, et qui depuis un temps immémorial ont fixé leurs tentes le long du lit de l'oued Menfés et sur les bords de la sebkha Halk-el-Mengel, m'ont raconté tous qu'autrefois les bateaux de pêche des gens de Hammamet et de Sousa remontaient de la haute mer dans la sebkha. D'ailleurs, aujourd'hui les choses pourraient encore se passer ainsi, si le canal de communication avait un lit plus profond, si les eaux couvraient l'ensemble de la surface des sebkhas d'une manière permanente, et s'il y avait enfin un intérêt quelconque à établir un mouvement de navigation entre l'intérieur du pays et la haute mer.

5° *Embouchure d'un fleuve (le Triton) dans la lagune.*

Le fleuve dont veut parler Scylax est l'oued Menfés actuel. C'est sous ce nom, on se le rappelle, qu'est désignée la dernière partie du fleuve qui, descendant de Tébessa, traverse le plateau central tunisien et la plaine de Kaïrouan, et vient se terminer au midi d'Erghéla. Par deux bouches formant estuaire, l'oued Menfés aborde la sebkha Halk-el-Mengel. La branche méridionale passe à hauteur de Zembra, et se jette dans la sebkha à Sidi Bou-Ali. La branche septentrionale remonte à 6 kilomètres au nord de la première, passe au midi de Sidi-Souia et vient se perdre dans la sebkha, en face du mamelon d'Erghéla (1).

Indépendamment de ces données capitales, d'autres données secondaires nous ont été transmises par Scylax sur la géographie de la région. Ainsi, il y avait un temple de Minerve dans l'île située à l'entrée de la communication,

(1) Voir carte V.

une ville des Libyens sur la rive occidentale de la lagune, enfin tout le pays environnant était très fertile. Les habitants pouvaient y faire vivre de nombreux troupeaux, et ces troupeaux étaient fort beaux.

J'appellerai plus tard l'attention sur ces dernières données (1). Qu'il me suffise de dire maintenant que le pays n'a pas changé depuis Scylax, qu'il a conservé jusqu'à nos jours sa fertilité ancienne.

La sebkha Djériba et la sebkha Halk-el-Mengel sont limitées en effet par l'Enfida et le Sahel. Ces deux pays peuvent passer à bon droit pour les contrées les plus fertiles de la Régence. L'Enfida, dans la portion qui avoisine la sebkha Halk-el-Mengel, n'est qu'un immense champ de céréales. Dans le Sahel se trouve l'agglomération la plus populeuse et la plus riche de la Tunisie.

Ainsi syrte et lagune au fond de la syrte, communication de cette lagune avec la syrte, île à l'entrée de cette communication, dimensions de cette communication, dimensions de la syrte et de la lagune, fleuve débouchant dans la syrte, richesse du pays environnant : tout se retrouve identique, sur le littoral de Hammamet, aujourd'hui comme il y a 2,000 ans.

Cette adaptation rigoureuse des textes aux conditions topographiques du littoral montre, d'autre part, que la grande lagune dont parle Scylax n'a pas été, comme l'a cru le colonel Roudaire, une immense mer intérieure ayant plus de 300 kilomètres de long et couvrant tout le sud de la Numidie et de la Byzacène. « Cette lagune n'a

(1) Dans mon « Rapport au Ministre de l'Instruction publique sur l'exploration de la région du Kelbiah.

« été qu'un étang, semblable à tous les étangs qui bordent « les rivages du bassin occidental de la Méditerranée. « Seulement, il en était le plus vaste et aussi le plus « remarquable, puisqu'un grand fleuve, inconnu hier « encore, venait s'y déverser, et, à ce titre, il a mérité « avec raison d'attirer l'attention des anciens (1).

II. TEXTE D'HÉRODOTE.

Les indications d'Hérodote relatives au Triton sont empruntées au livre IV des Histoires où se trouve exposée la description de la Libye.

§ CLXXVIII.

Λωτοφάγων δὲ τὸ παρὰ θάλασσαν ἔχονται Μάχλυες...... Κατήκουσι δὲ ἐπὶ ποταμὸν μέγαν τῷ οὔνομα Τρίτων ἐστί· ἐκδιδοῖ δὲ οὗτος ἐς λίμνην μεγάλην Τριτωνίδα· ἐν δὲ αὐτῇ νῆσος ἔνι τῇ οὔνομα Φλά.	Le long de la mer, les Machlyes sont les voisins des Lotophages; les Machlyes s'étendent jusqu'au grand fleuve Triton. Le grand fleuve Triton se jette dans le lac Triton. Dans ce lac on trouve l'île de Phla.

§ CLXXX.

Τούτων δὲ ἔχονται τῶν Μαχλύων Αὐσέες· οὗτοι δὲ καὶ οἱ Μάχλυες πέριξ τὴν Τριτωνίδα λίμνην οἰκέουσι, τὸ μέσον δέ σφι οὐρίζει ὁ Τρίτων.	Les Ausenses sont les voisins des Machlyes. Ces deux peuples habitent les bords du lac Triton; ils sont séparés l'un de l'autre par le fleuve Triton.

§ CLXXXVI.

Οὕτω μὲν μέχρι τῆς Τριτωνίδος λίμνης ἀπ' Αἰγύπτου νομάδες εἰσὶ κρεοφάγοι τε καὶ γαλακτοπόται Λίβυες.	Depuis l'Égypte jusqu'au lac Triton, les Libyens sont nomades et vivent de viande et de lait.

(1) Comptes rendus de l'Académie des inscriptions et belles-lettres, 1er trimestre 1881.

§ CLXXXVII.

Τὸ δὲ πρὸς ἑσπέρης τῆς Τριτωνίδος λίμνης οὐκέτι νομάδες εἰσὶ Λίβυες, οὐδὲ νόμοισι τοῖσι αὐτοῖσι χρεώμενοι.

Ceux qui habitent au couchant du lac Triton ne sont pas nomades et n'ont pas les mêmes coutumes.

§ CXCI.

Τὸ δὲ πρὸς ἑσπέρης τοῦ Τρίτωνος ποταμοῦ Αὐσέων ἔχονται ἀροτῆρες ἤδη Λίβυες καὶ οἰκίας νομίζοντες ἐκτῆσθαι, τοῖσι οὔνομα κέεται Μάξυες.

Ἡ δὲ χώρη αὕτη τε καὶ ἡ λοιπὴ τῆς Λιβύης ἡ πρὸς ἑσπέρην, πολλῷ θηριωδεστέρη τε καὶ δασυτέρη ἐστὶ τῆς τῶν Νομάδων χώρης.

Ἡ μὲν γὰρ δὴ πρὸς τὴν ἠῶ τῆς Λιβύης, τὴν οἱ Νομάδες νέμουσι, ἐστὶ ταπεινή τε καὶ ψαμμώδης μέχρι τοῦ Τρίτωνος ποταμοῦ, ἡ δὲ ἀπὸ τούτου τὸ πρὸς ἑσπέρης, ἡ τῶν ἀροτήρων, ὀρεινή τε κάρτα καὶ δασέα καὶ θηριώδης.

Au couchant du Triton et voisins des Ausenses sont des Libyens laboureurs et sédentaires; ils s'appellent Maxyes.

Cette contrée et le reste de la Libye qui regarde à l'occident, est bien plus couverte de forêts et renferme bien plus de bêtes sauvages que le pays des Nomades.

Et, en effet, la partie orientale de la Libye qu'habitent les Nomades, est pauvre et sablonneuse jusqu'au fleuve Triton. L'autre partie de la contrée qui regarde à l'occident, et qui est la partie des Libyens agricoles, est montagneuse et couverte de forêts.

§ CLXXX.

Ὁρτῇ δὲ ἐνιαυσίῃ Ἀθηναίης αἱ παρθένοι αὐτῶν δίχα διαστᾶσαι μάχονται πρὸς ἀλλήλας λίθοισί τε καὶ ξύλοισι, τῷ αὐτιγενέϊ θεῷ λέγουσαι τὰ πάτρια ἀποτελέειν, τὴν Ἀθηναίην καλεῦμεν. Τὰς δὲ ἀποθνησκούσας τῶν παρθένων ἐκ τῶν τρωμάτων ψευδοπαρθένους καλεῦσι. Πρὶν δ' ἀνεῖναι αὐτὰς μάχεσθαι, τάδε ποιεῦσι· κοινῇ παρθένον τὴν καλλιστεύουσαν ἑκάστοτε κοσμήσαντες κυνέῃ τε Κορινθίῃ καὶ πανοπλίῃ Ἑλληνικῇ

Le jour de la fête annuelle de Minerve, les jeunes filles rangées en deux camps se livrent un combat à coups de pierres et de bâton, et elles suivent en cela, disent-elles, une coutume ancienne établie en l'honneur de la divinité indigène (que nous appelons Minerve). Si quelques-unes d'entre elles meurent de leurs blessures, elles prétendent qu'elles étaient réputées vierges à tort. Avant de livrer le combat, elles

καὶ ἐπ' ἅρμα ἀναβιβάσαντες περιάγουσι τὴν λίμνην κύκλῳ.

choisissent la plus belle d'entre elles, la coiffent en public d'un casque à la corinthienne et d'une cuirasse grecque, la font monter sur un char et lui font faire le tour du lac.

Parmi ces indications d'Hérodote, les unes, déjà mentionnées par Scylax, sont connues : ce sont celles qui nous apprennent l'existence d'un fleuve et d'un lac Triton, l'embouchure de ce fleuve dans ce lac, et la présence enfin d'une île dans le lac.

D'autres données, au contraire, n'existent nulle part ailleurs que dans le texte d'Hérodote, et sont relatives à l'emplacement occupé par le fleuve Triton par rapport au territoire des peuples de Libye, à la nature du pays qu'il traverse, enfin aux dimensions du lac Triton lui-même.

Nous n'avons à mentionner les indications communes à Hérodote et à Scylax, que pour montrer l'accord qui existe entre le premier des historiens grecs et le géographe auteur du Périple. Les autres indications sont au contraire fort intéressantes à suivre dans leur développement.

1° *Emplacement du lac Triton, d'après Hérodote.*

Nous avons vu que, dans le texte de Scylax, l'emplacement du lac Triton avait été déterminé par rapport à la situation des villes du littoral de la Byzacène et du territoire de Carthage. Dans le texte d'Hérodote, cet emplacement se trouve également déterminé, mais seulement par rapport à la situation des territoires occupés par les tribus à la surface de cette portion du sol libyen. Le fleuve

Triton, dit Hérodote, est au nord du pays des Lotophages et des Machlyes, au midi du pays des Ausenses, des Maxyes et des Gyzantes. Il sert de limite au pays des Machlyes et des Ausenses.

Il est à remarquer tout d'abord que ce passage d'Hérodote n'a pas pour nous la clarté de celui de Scylax. Ce manque de clarté provient de ce que l'emplacement des tribus libyennes répandues à la surface de l'ancienne Byzacène, ne se trouve pas suffisamment précisé dans le texte. En effet, à l'exception du pays des Lotophages dont la situation nous est indiquée bien nettement en face de l'île de Djerbah actuelle, le territoire des autres peuplades libyennes n'est pas déterminé par rapport à une localité géographique connue. Si donc l'on veut être fixé sur l'emplacement qu'a voulu assigner Hérodote au fleuve Triton, il faut tout d'abord rechercher et arriver à connaître l'emplacement lui-même occupé par les tribus dont il nous décrit les mœurs.

Pour M. Roudaire, le territoire de toutes les tribus énumérées par Hérodote : Lotophages, Machlyes, Ausenses, Maxyes, Zauèques, Gyzantes, ne se serait pas étendu au nord au delà de Kerkennah ; en d'autres termes, toutes ces tribus auraient vécu dans un espace resserré entre cette île de Kerkennah et le pays des Lotophages.

Cette assertion a été basée sur le passage suivant d'Hérodote, que M. Roudaire a traduit ainsi :

....
....
Γύζαντες.... κατὰ τούτους λέγουσι Καρχηδονῖοι κέεται νῆσος τῇ οὔνομα Κύραυνιν.

(Aux Maxyes libyens touchent les Zauèques... Après eux viennent les Gyzantes)... Près de ce pays, à ce que disent les Carthaginois est une île nommée Kyraunis, (l'île actuelle de Kerkennah).

Et dont il a déduit l'argument suivant :

« Hérodote, faisant l'énumération des peuplades li-
« byennes d'après l'ordre de leur échelonnement du sud
« au nord, mentionne d'abord ces peuplades, Machlyes,
« Ausenses, Maxyes, Zauèques, Gyzantes, puis l'île de
« Kyraunis (Kerkennah actuelle). Par conséquent, l'île de
« Kerkennah devait être située au nord du territoire des
« Maxyes, des Zauèques et des Gyzantes. Mais le fleuve
« Triton est indiqué comme étant situé au midi de Ker-
« kennah et dans le golfe de Gabès. »

Mais de ce que l'île de Kerkennah n'est citée qu'après l'énumération faite des peuplades libyennes, il n'en résulte pas nécessairement que cette île soit située au nord de ces mêmes peuplades. Rien dans le texte n'autorise d'une manière formelle cette supposition.

Le paragraphe où il est fait mention de l'île Kyraunis est le dernier des paragraphes du livre IV des « Histoires, » consacrées à la description des peuples de Libye, et la phrase où il est question de l'île de Kyraunis est la dernière phrase de cette même description. Ainsi l'expression grecque κατὰ τούτους peut très bien être entendue comme ne se rapportant pas au seul pays des Gyzantes, mais bien à l'ensemble de toutes les tribus vivant au nord de l'île des Lotophages. En d'autres termes, κατὰ τούτους peut se traduire aussi bien par « en face de ces peuples, les peuples libyens, » que par « en face de ce peuple, les Gyzantes. » Après la description du continent, Hérodote place tout simplement l'île qui est située en face de ce continent.

Mais il existe, en dehors des données un peu vagues de ce texte, des sources qui permettent de déterminer l'emplacement occupé autrefois par les peuplades libyennes. Ces sources sont, on le devine, les documents anciens où il est encore question de ces peuplades et du pays qu'elles habitaient. Or, de l'ensemble de ces documents, il résulte que le pays des Gyzantes et des Zauèques n'était nullement situé au midi de Sfax et de Kerkennah. « Les Zauèques sont très vraisemblablement des Libyens, habitant la Zeugitane (1). » Les Gyzantes paraissent avoir vécu également au midi de Carthage. Tantôt appelés Byzantes (2), Gyzantes, ces peuples habitaient la contrée qui portait à l'époque de Polybe (3) le nom de Byzacitis, contrée située au nord de la Petite Syrte, et qui plus tard constitua la portion nord de la Byzacène. Zauèques et Gyzantes paraissent même avoir donné leur nom à la Zeugitane et au mont Zeugis, le Zaghouan actuel. Sur ces deux points la plupart des auteurs modernes sont d'accord et l'autorité de M. Tissot vient appuyer l'opinion de Shaw, de Guérin et de Vivien de Saint-Martin (4).

Mais si le pays des Zauèques et des Gyzantes est au midi de Carthage et non en face de l'île de Kerkennah, le fleuve Triton ne doit plus être recherché à hauteur de cette île ou de l'île de Djerbah, mais plus au nord, assez au nord pour que les Lotophages et les Machlyes, qui sont

(1) Tissot, *Géographie comparée*, page 439.

(2) Étienne de Byzance, livre XII, fragments.

(3) Polybe, III-XXII, 2.

(4) Voir aussi le passage catégorique de Justin, au sujet de l'emplacement près de Carthage du territoire des Maxyes, dont le roi Iarbas veut obliger Didon, sous menace de guerre, à lui donner sa main ; et cet autre passage non moins explicite d'Étienne de Byzance concernant l'emplacement des Zygantes. « Ζυγαντὲς περὶ Χαρχηδόνα, τῆς Λιβύης ἔθνος, ἀφ' οὗ ἡ πόλις Βυζάντιον. Les Zygantes, peuple de Libye, qui habitent aux environs de Carthage et qui ont donné leur nom à la ville de Byzantium. »

indiqués comme vivant au midi de ce fleuve, aient pu se mouvoir sur un espace qui pût leur permettre de vivre. Or, c'est bien dans cette direction et à une distance suffisante de Djerbah que l'on rencontre l'oued Bagla.

D'ailleurs, si dans l'interprétation des textes on avait tenu compte de la nature du sol et de la physionomie générale de la région de Gabès, eût-on hésité peut-être à admettre qu'un groupement aussi considérable de tribus aient pu vivre à l'époque historique sur un espace aussi resserré que celui qui est compris entre Djerbah et Kerkennah. A l'époque d'Hérodote, cette portion de la Tunisie méridionale avait à peu près le même aspect que de nos jours; c'est-à-dire qu'à l'exception de deux ou trois oasis, elle était nue, stérile. Alors comme aujourd'hui, le désert saharien accumulait ses sables jusqu'à la mer. Comment Lotophages, Machlyes, Maxyes, Ausenses, Zauèques, Gyzantes, peuples dont les uns étaient nomades et les autres sédentaires, auraient-ils pu trouver à vivre sur une côte déshéritée de 110 à 120 kilomètres de longueur au maximum!

En assimilant au contraire le fleuve Triton à l'oued Bagla, on remarque que l'emplacement occupé par les tribus d'Hérodote correspond à peu près exactement à l'emplacement occupé par les tribus actuelles au territoire des Machlyes, au nord du pays des Lotophages correspond le pays de parcours des Métellis au nord de Gabès (1). Le territoire des Ausenses est celui des Ouled-Saïd actuels. L'oued Bagla, dans la partie inférieure de son cours, sépare le pays des Ouled-Saïd de celui des Métellis comme autrefois le fleuve Triton séparait le territoire des Machlyes

(1) Voir carte VI.

Docteur Rouire. – Tunisie. PL. VI

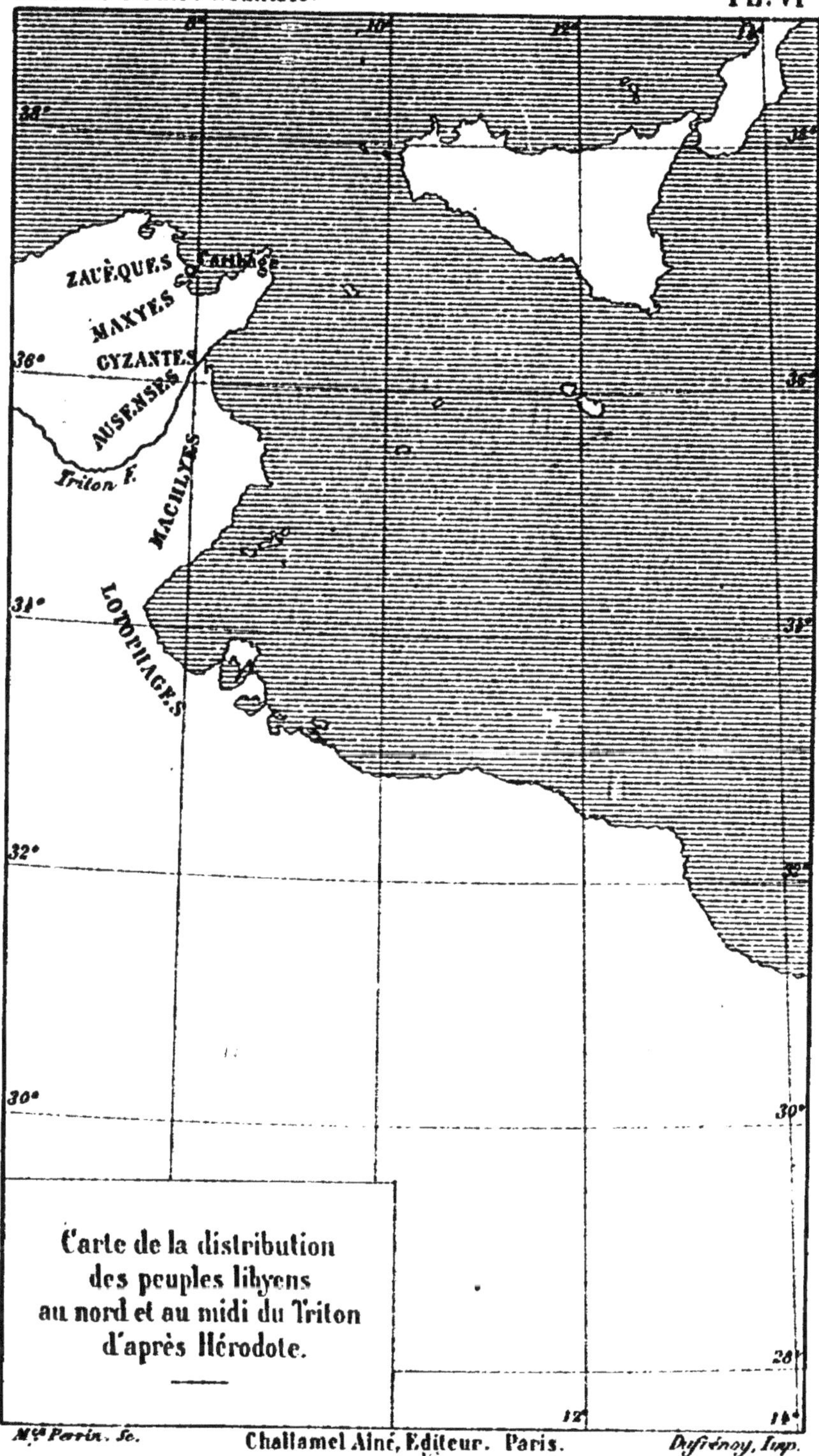

Carte de la distribution des peuples libyens au nord et au midi du Triton d'après Hérodote.

Mlle Perrin. Sc. Challamel Aîné, Éditeur. Paris. Dufrénoy, Imp.

et celui des Ausenses. Aux Maxyes peuvent être assimilés les Zlass actuels, aux Zauèques les Zouaoua, nom sous lequel on distingue encore des fractions de peuplades berbères vivant en Kabylie; aux Gyzantes enfin, les tribus se groupant au pied du Zaghouan. Ainsi, depuis 25 siècles, la même division territoriale se serait maintenue en Tunisie. Les conquérants se seraient succédé à la surface, mais la distribution du sol serait restée immuable aux mains de ceux qui le cultivent.

Cette nouvelle détermination des territoires appartenant anciennement aux tribus libyennes va nous permettre de résoudre aussi un point de géographie ancienne jusqu'ici très controversé. A l'époque où l'opinion commune admettait l'identité du bassin tritonique et du bassin des chotts, on croyait qu'Hérodote avait oublié ou négligé, dans sa description de la Libye, de faire mention des tribus qui vivaient au nord de l'île de Kerkennah. Plusieurs commentateurs s'étaient vainement demandé pourquoi l'historien grec s'était brusquement arrêté à hauteur de Kerkennah, et l'avaient accusé de ne nous avoir donné qu'une liste incomplète des tribus vivant à son époque sur le littoral de la Libye. Mais si le fleuve Triton est bien le fleuve découvert dans la Tunisie centrale, toutes les tribus signalées comme vivant au nord du Triton étaient des tribus qui vivaient sur les territoires situés au nord de la grande artère tunisienne. L'énumération des tribus libyennes devient complète, et l'oubli inexplicable qu'on croyait avoir constaté disparaît.

2° *Aspect du pays.*

Hérodote nous apprend aussi que le pays traversé par

le fleuve Triton présentait un aspect différent au nord et au midi de ce fleuve, qu'au nord le pays était montagneux, couvert de forêts, peuplé de bêtes sauvages, qu'au midi il était sablonneux et pauvre, enfin que les peuples qui habitaient à l'occident étaient laboureurs, et que ceux qui vivaient à l'orient étaient bergers et nomades.

De sa source jusqu'à son embouchure dans le golfe d'Hammamet, le fleuve de la Tunisie centrale décrit un long fossé qui sépare deux régions dont la physionomie et l'aspect sont absolument distincts. Déjà, sur le plateau central tunisien que traverse le fleuve avant de descendre dans la plaine de Kaïrouan, le contraste se dessine. Au nord est le pâté montagneux formant la ligne de partage entre les eaux qui se rendent à la Medjerdah et celles qui se rendent à l'oued Fekka, au midi est la vaste steppe, pays morne, désolé, d'une nudité et d'une sécheresse désespérantes. Au nord sont les forêts d'oliviers et de thuyas, dont les arbres couvrent les flancs des montagnes ou vont s'éparpillant dans la plaine. Au sud il n'existe plus que quelques arbres disséminés dans les gorges des montagnes ou se dissimulant à leurs pieds. Au nord, se pressaient auprès des sources les villes romaines si nombreuses et si opulentes que recèlent les Hamadas et la vallée de l'oued Marouf. Au midi de l'oued Fekka, les villes romaines n'apparaissent plus qu'isolées entre elles. Le pays a bien encore l'aspect décrit par Salluste, lorsque l'historien romain parle de la marche de Marius sur Gafsa. « Tout le pays est désert, inculte, dépourvu d'eau, infesté de serpents dont la férocité s'accroît par le manque de nourriture (1). » Sur les routes

(1) Salluste, *Guerre de Jugurtha.*

qui conduisent de Kaïrouan à Gafsa, soit par Fériana, soit par Ben-Aoun, on ne rencontre au midi du Fekka aucun groupe d'arbres. A Ali-ben-Aoun étaient autrefois sept palmiers. La rareté du fait a valu à ce groupement une mention spéciale sur la carte. 100 kilomètres avant d'avoir pu les apercevoir, on en parlait dans les caravanes et dans nos colonnes. Depuis, trois ont disparu, coupés pour servir au besoin d'un convoi, et il aurait fallu voir le regret de ceux qui, venus trop tard, n'ont plus trouvé en ce lieu favorisé qu'une partie de l'ombrage après lequel ils soupiraient !

Dans la plaine de Kaïrouan, le contraste entre les deux rives du fleuve est encore plus saillant, car ici il a lieu sans transition aucune et de l'une à l'autre rive. La nature du terrain elle-même change. La région nord est marécageuse et presque partout fertile; elle renferme le terroir de l'Enfida, et a été le siège de villes importantes. Jadis, dix-sept villes ou gros bourgs se seraient élevés sur les 100,000 hectares qui composent le domaine de l'Enfida. Tout le pays a été couvert de maisons, de fermes, ainsi que l'attestent les ruines qu'on rencontre à chaque pas. Aujourd'hui, la contrée est habitée par la tribu agricole des Ouled-Saïd, et les moissons qu'on y récolte peuvent être citées parmi les plus belles de la Régence.

En dehors de l'Enfida, le reste du pays, des Souatirs aux hautes montagnes de l'ouest, du Zaghouan au djebel Djougar et au djebel Zarès, est d'une fertilité exceptionnelle, et le bey auquel appartient la plus grande partie de cette contrée n'en afferme chaque portion que moyennant des redevances élevées. Le pays au sud, par contre, est sablonneux, inculte presque partout, couvert de dunes, surtout auprès d'Ali-ben-Amara. Depuis le lac de Sidi-el-Hani jusqu'aux montagnes de l'ouest, c'est une immense plaine que viennent couper parfois, et encore dans une circonscription fort limitée, des bandes de terrains couverts de cactus. La population formée par la tribu des Ouled-Ydir, puis par celle des Neffets et celle des Hamémas, y est très clairsemée. Il n'y vient que très peu de céréales, et les Arabes ont donné au pays le nom significatif de Djehnen (lieu maudit). Nulle part, on n'y voit traces de villes romaines : quelques puits antiques, quelques constructions carrées construites en blocage ou en pierres de grand appareil, débris d'anciens temples ou de postes d'observation, c'est tout ce qui nous reste de la domination de Rome. Les ruines un peu compactes les plus rapprochées de l'oued Marcuelil sont celles de Haousch-Tascha (l'antique Oppidum Tacianum) ; elles en sont situées à 50 kilomètres à vol d'oiseau, au pied des derniers blocs calcaires de l'Atlas tunisien, et elles appartiennent à la région des plateaux, plutôt qu'à celle de la plaine. Dans la dernière carte allemande qu'il a publiée sur l'ensemble de la Tunisie et de l'Algérie, Kiepert a cherché à représenter la limite des terres cultivables et des terres sahariennes. Or, cette limite coïncide précisément avec le cours de l'oued Marcuelil ; c'est bien là, en effet, que tout voyageur qui aura battu le pays placera le commencement de la région désertique, et devant cette précision de détails, rendra hommage à la sûreté des informations du géographe moderne, en même temps qu'il aura le plaisir de voir confirmées les données des géographes anciens.

A l'apparition de mes premières études, plusieurs ont

été surpris de voir reporter à hauteur de Kaïrouan la limite entre la zone cultivée et la zone inculte des terres tunisiennes. N'ayant pas parcouru cette portion de la Régence, et vivant sur les idées antérieures, ils se sont refusés à admettre tout d'abord cette démarcation qui leur a paru arbitraire. La vérité géographique cependant est que la zone désertique et la zone susceptible dans son ensemble de culture se pénètrent plus intimement, que la zone du Tell descend plus bas, que la zone saharienne remonte plus haut en Tunisie qu'en Algérie, que la portion centrale de la Tunisie peut être considérée comme le pays où s'opère cette pénétration, que le cours de l'oued Fekka enfin, remontant obliquement de Tebessa vers Erghéla dans la direction sud-ouest nord-est peut être pris comme point de démarcation entre les deux zones.

Dans la plaine de Kaïrouan, les plantes sahariennes étendent leur aire jusqu'au nord de cette ville. Toutes les explorations ultérieures accomplies sous les auspices du Ministre de l'Instruction publique, sont venues confirmer en ce point les conclusions émises à la suite de mes observations et de mes études premières. Le premier, et avec une remarquable sagacité, M. Poinssot, chargé de mission par le Ministre de l'Instruction publique, faisait observer qu'au delà du pâté montagneux des Hamadas commence la région inculte, la région de la steppe et de la nudité (1). Presque à la même époque M. Cosson, président de la Commission de l'exploration scientifique de Tunisie, constatait, de concert avec tous les membres de la

(1) Poinsot, *Bulletin des Antiquités africaines*, 1884.

mission, que dans la plaine de Kaïrouan la végétation saharienne remontait au nord jusqu'à hauteur de Hammamet, que la végétation tellienne descendait d'autre part fort au sud, que sur le plateau central, le mélange des trois flores, flore saharienne, flore tellienne, flore des plateaux s'opère à Feriana, qui se trouve à la limite extrême du bassin hydrographique du Fekka et à l'entrée de la grande plaine stérile d'Aamra, dont les sables se continuent jusqu'aux chotts. De même, un an plus tard, deux autres membres de la même Mission, MM. Doumet-Adanson et Valéry-Mayet, qui étudiaient le pays entre Sfax, Gafsa et Gabès, faisaient remarquer qu'à hauteur de Kaïrouan et de Sousa se terminait la région de la fertilité et des pluies, qu'au midi de ces deux villes commençait le pays de la nudité et de la sécheresse. M. Valéry-Mayet affirmait en outre que le passage entre les deux zones se faisait brusquement, sans transition aucune (1). Enfin, ces deux explorateurs reconnaissaient que la faune, au midi de Kaïrouan, appartenait presque toute entière au Sahara.

La stérilité du pays au midi du Fekka est un fait que M. Tissot a dû constater lui-même, dans son récent ouvrage sur la géographie comparée de la province d'Afrique (2). « Une partie de la province romaine d'Afrique, « dit-il, contraste aujourd'hui par sa stérilité relative « avec la fertilité des régions voisines, nous voulons par-

(1) « Au nord de Sousa et de Kaïrouan, dit M. Valéry-Mayet, il pleut : « région fertile ; au sud de Sousa et de Kaïrouan il pleut très peu : région « désertique. En Tunisie, la transition entre les terres fertiles et le désert « est brusque. » *Voyage dans le sud de la Régence*, publié dans le Bulletin de la société de géographie languedocienne, page 18, *année* 1886.

(2) Tissot, *Géographie comparée de la province romaine d'Afrique*, page 249.

« ler des plateaux qui s'étendent du nord-ouest au sud-« est, entre Sbeitla et le littoral du golfe de Gabès.

« Toute cette partie de l'ancienne Byzacène n'offre « guère que des steppes arides, presque entièrement dé-« pourvues d'eau. La plaine sablonneuse d'Aamra, qui « s'étend au nord-est de Gafsa, est le type de cette région « désolée : « altérée comme le chacal d'Aamra, dit un « proverbe saharien. »

« Plus loin encore, entre l'Aamra et le littoral, le tuf « se montre par larges plaques : l'humus a disparu.....

« ... Tous les voyageurs qui ont parcouru cette partie « de la Régence de Tunis ont été frappés de la stérilité « de ce sol. . . . .

« ... L'ancienne Byzacène, ajoute très justement « M. Tissot, même à l'époque romaine, était loin de « présenter partout la fertilité; l'eau y a toujours été rare « à la surface du sol. Le récit que nous fait Salluste des « expéditions de Marius et de Métellus ne laisse aucun « doute à cet égard. Polybe (qui a parlé de la richesse « de la Byzacitis) assignait déjà à la Byzacitis une éten-« due assez restreinte par rapport à celle de la contrée « qui reçut depuis le nom de Byzacène. Certaines par-« ties de cette contrée ont donc toujours été stériles, et « nous en trouvons la preuve dans un document légis-« latif du commencement du cinquième siècle de notre « ère. Une loi d'Honorius, datée du 20 février 422, et « ayant pour but de déterminer dans la Proconsulaire « et dans la Byzacène les terres qui doivent rester sou-« mises à l'impôt, et celles qui doivent en être dispen-« sées comme devenues improductives, donne le tableau « suivant pour les deux provinces.

PROCONSULAIRE :

Terres fertiles : 9,002 centuries, 141 jugera ;
Terres improductives : 5,700 centuries, 144, 5 jugera.

BYZACÈNE :

Terres fertiles : 7,460 centuries, 180 jugera ;
Terres improductives : 7,615 centuries, 3, 5 jugera (1) ;

« Dans la Proconsulaire, l'étendue des terres fertiles est « presque deux fois supérieure à l'étendue des terres « improductives ; dans la Byzacène, au contraire, l'éten- « due des terres fertiles se trouve être moins considérable « que celle des terres improductives. »

La Byzacène est représentée dans la loi d'Honorius comme se divisant sous le rapport de la fertilité en deux portions à peu près égales. Aujourd'hui encore, il est permis d'apprécier l'exactitude de l'évaluation indiquée dans cette loi. Depuis l'époque d'Honorius, la physionomie générale de la contrée n'a pas varié ; la moitié de la Byzacène fertile est celle qui se trouve au nord du Fekka actuel, y compris la bande de littoral qui est aujourd'hui le Sahel. La moitié de la Byzacène improductive est celle qui se trouve au nord des chotts. Elle constitue l'avant-garde du Sahara tunisien.

Cette différence d'aspect et de fertilité des deux moitiés nord et sud de la Byzacène est d'ailleurs un fait bien connu dans le pays. Dans la plaine de Kaïrouan, les O. Ydir, les Neffets ne se font aucune illusion sur la valeur du sol où leurs tentes s'échelonnent. Sur le plateau, la tribu des Hammémas, pour pouvoir vivre, est obligée de

(1) Code Théodosien, livre XI, titre XXVIII.

disperser ses troupeaux sur un territoire égal au quart de la surface totale de la Tunisie. « Après Gilma et Sbeitla, tout est le désert, disent les fractions de tribu qui trouvent à vivre au midi du Fekka, au nord sont les pluies et les bonnes terres. » Les Européens du Sahel savent très bien, eux aussi, qu'il n'y a guère place pour la petite et la grande culture au midi de Kaïrouan et dans la portion méridionale du plateau central. Cette distinction entre les terres au nord et au midi de Kaïrouan a reçu même la sanction d'une consécration officielle. Au Bardo, on appelle quartier d'hiver toute la moitié nord de la Régence jusqu'à Erghéla et Sousa, et quartier d'été toute la partie sud au midi de ces deux villes. Kaïrouan n'a pas dû non plus, comme on l'a cru jusqu'ici, sa fondation au pur caprice d'un conquérant. Par sa situation géographique à l'entrée du monde désertique et du monde cultivé, la ville sainte décèle la pensée de son fondateur, qui en avait voulu faire le trait d'union entre le monde nomade et le monde sédentaire, le point commun où se seraient mises en contact deux civilisations opposées.

3° *Dimension du lac Triton.*

La troisième des données propres au texte d'Hérodote est le renseignement donné par cet auteur sur les dimensions du lac Triton. D'après l'historien grec, le lac Triton a des dimensions telles, que les jeunes vierges libyennes montées sur un char peuvent en faire le tour, en une journée.

En apparence, ce renseignement paraît s'éloigner beaucoup d'une des principales données de Scylax. Le géographe de Caryande assigne, en effet, à la lagune contenue dans la Syrte Cercinnitique un pourtour de 1,000 stades. Or, 1,000 stades correspondant à 185 kilomètres, la promenade des vierges libyennes autour de ce lac peut paraître un peu longue, alors même qu'on ferait ressortir que cette promenade se faisait en char, et qu'elle durait une journée. Tous les commentateurs, les géographes et les explorateurs dont l'attention a été sollicitée par ces deux passages de Scylax et d'Hérodote, se sont trouvés singulièrement embarrassés. En présence de deux assertions qui leur paraissaient sinon contradictoires, du moins peu susceptibles de s'accorder entre elles, les uns ont cru devoir trancher la question en adoptant ou en rejetant l'une des deux dimensions. Les autres, systématiquement, ont écarté de la discussion tout ce qui a trait à ces mêmes dimensions.

Dans son étude sur « Une mer intérieure en Algérie » et dans les publications qui ont suivi, le colonel Roudaire n'a pas tenu compte des dimensions indiquées par Scylax et par Hérodote. Mannert, Tissot et les commentateurs, ou bien se contentent de les mentionner, ou bien font ressortir l'impossibilité de les concilier entre elles; c'est à ce dernier parti que s'est arrêté aussi M. Élysée Reclus dans la *Nouvelle Géographie universelle* (1).

A l'époque où j'avais admis que le lac Kelbiach réuni à la sebkha Halk-el-Mengel formait, il y a 2,500 ans, un golfe de la Méditerranée, j'avais été conduit à expliquer les dimensions restreintes données par Hérodote au lac Triton, par la réduction progressive de la nappe d'eau

(1) *Nouvelle Géographie universelle*, tome X : « La Tunisie. »

constituant ce bras de mer. J'avais fait la remarque, en effet, qu'Hérodote comme Scylax se servent du même mot λίμνη, pour désigner la nappe d'eau où se jette le fleuve Triton, et pensant, avec tous les commentateurs et les géographes que ce mot λίμνη s'appliquait à la même nappe d'eau, je m'étais mis à rechercher les causes de cette réduction progressive. De même que le colonel Roudaire, lorsqu'il cherchait à déterminer les causes scientifiques qui avaient bien pu déterminer la disparition de son ancienne mer intérieure, j'avais invoqué, pour expliquer cette réduction progressive, l'action des vents, la formation d'un cordon littoral et le dessèchement produit par l'évaporation. « Sous « l'action des vents nord-est est sud-est, un cordon littoral « se serait formé au midi d'Erghéla, la nappe d'eau du « Kelbiah se serait ainsi trouvée isolée du golfe de Hammamet, l'évaporation l'aurait desséchée en partie; les « eaux se seraient retirées dans les parties les plus profondes, puis auraient disparu. Seul un grand lac serait « resté, le lac Triton (*lac Kelbiah*), parce que dans son « lit s'accumulaient toutes les eaux de la Tunisie centrale, « amenées par le fleuve Triton (1). »

Mais des observations ultérieures m'ayant conduit à rejeter l'hypothèse d'un prolongement à *l'époque historique* du golfe de Hammamet jusqu'au lac Kelbiah, j'ai dû abandonner également ces explications toutes théoriques. Un nouvel et minutieux examen du sol accompagné de la lecture attentive du texte, m'a permis enfin de

(1) Congrès de Blois. *Association française pour l'avancement des sciences.* Discours prononcé en séance générale, le 11 septembre 1881.

donner une explication plausible de la donnée d'Hérodote, et de concilier cette donnée avec celle de Scylax.

Nous avons vu que la grande lagune qui entoure Erghéla ne forme pas un tout continu, qu'elle est composée de deux portions, la sebkha Halk-el-Mengel, et la sebkha Djériba. La sebkha Halk-el-Mengel que l'on a représentée avec des dimensions restreintes, même sur les dernières cartes sorties du Dépôt de la guerre, est en réalité bien plus considérable. C'est une vaste lagune qui s'enfonce de la mer dans l'intérieur en contournant Erghéla et en remontant derrière la sebkha Djériba jusqu'au nord du marabout de Sidi-Souya (1). A cette hauteur, un éperon calcaire, prolongement du mamelon d'Erghéla, s'avance entre les deux sebkhas. Ce dos de terrain n'a pas plus de 4 à 5 mètres d'altitude, mais il constitue une barrière suffisante qui empêche, même aux plus grandes crues connues, une communication directe entre les deux lagunes. La sebkha Halk-el-Mengel et la sebkha Djériba forment ainsi un système de deux sebkhas juxtaposées, adossées côte à côte l'une à l'autre; l'une s'étendant le long du littoral d'Hammamet, l'autre remontant derrière la première, et toutes deux s'ouvrant par une embouchure étroite sur la mer.

Ces deux sebkhas sont cependant distinctes : elles ne communiquent pas entre elles; elles appartiennent même aujourd'hui à deux systèmes hydrographiques différents. L'une reçoit les rivières qui descendent du djébel Takroun et des montagnes, avant-monts du Zaghouan; l'autre est

(1) Voir carte V.

le bassin où viennent se jeter l'oued Menfès et avec lui toutes les eaux du plateau central tunisien (1).

La divergence qui a été relevée entre les dimensions attribuées par Scylax et par Hérodote aux deux λίμνη dont ils parlent, provient de ce que, sous le nom de λίμνη, Scylax a voulu désigner l'ensemble du système de lagunes bordant le littoral de Hammamet (sebkha Djériba et sebkha Halk-el-Mengel réunies), tandis qu'Hérodote n'a voulu désigner sous le même nom de λίμνη que la sebkha Halk-el-Mengel. Cette explication, je ne crains pas de le dire, est la seule qui soit conforme aux données elles-mêmes contenues dans les textes. Scylax parlant du λίμνη compris dans la Syrte Cercinnitique, ne le fait pas suivre du mot Τριτωνὶς (du moins telle est la leçon adoptée le plus généralement jusqu'à aujourd'hui), mais simplement du qualificatif μέγαλη (la grande lagune). Hérodote seul donne au λίμνη le nom de Τριτωνὶς. Ainsi, non seulement dans le texte, ces deux λίμνη sont différents par leurs dimensions, mais ils le sont aussi par les mots sous lesquels les deux auteurs grecs les ont plus particulièrement désignés.

Enfin, cette différence dans la signification géographique attribuée par Hérodote et par Scylax au mot λίμνη trouve une explication toute naturelle dans la nature particulière des renseignements que ces deux auteurs se sont proposés de nous donner. Que le Périple soit l'œuvre du navigateur de Caryande chargé par Darius

(1) Voir carte V.

de lui donner des renseignements sur le littoral d'une contrée que le roi persan songeait à annexer à ses États; ou bien que ce soit l'œuvre de divers navigateurs qui ont voulu décrire les particularités de cette même côte, cet ouvrage n'en était pas moins, à l'origine, destiné à des portulans, et, à ce titre, il devait mentionner, de la manière la plus minutieuse, les ports, les îles, les écueils, les sinuosités et enfoncements de la mer sur tout le littoral décrit. C'est ce qu'ont fait l'auteur ou les auteurs du Périple. Ayant à détailler les particularités du golfe de Hammamet à un navigateur qui remonte de l'île de Cercinna et de Thapsus vers le nord, Scylax le prévient qu'au fond du golfe se trouve une grande lagune (μεγάλη), que la communication de la lagune avec la mer est étroite (ἔπεστι στόμα), qu'une île se trouve à l'entrée de la communication (ἐν τῷ στόματι νῆσος ἔπεστι); toutes choses que peut apercevoir d'ailleurs de la haute mer le navigateur qui de Sousa remonte la côte vers le nord. Il le prévient en outre que le fleuve se jette dans cette lagune. Hérodote poursuit au contraire un but tout différent. L'auteur du livre IV des Histoires a voulu décrire à grands traits la géographie de la Libye et les mœurs des peuplades de ces contrées. Arrivé au fleuve Triton, Hérodote mentionne ce fleuve si remarquable, parce qu'il forme la limite entre les pays sédentaires et les pays nomades; parle des peuples qui habitent sur l'une et l'autre rive de l'embouchure de ce fleuve dans le lac Triton, et de la promenade que les vierges libyennes font autour du lac. Il n'a pas à mentionner l'autre sebkha qui fait partie d'un bassin différent.

On peut, malgré les dimensions assez considérables de

la sebkha Halk-el-Mengel, en faire le tour en une journée. J'ai pu me donner le luxe de cette promenade. Successivement, en une journée, j'ai franchi en longeant les bords de la sebkha les deux embouchures alors sans eau de l'oued Menfès; parcouru le dos de terrain qui sépare ces deux sebkhas, et traversé la barre placée au point de communication entre la sebkha et la mer, et à la surface de laquelle se voient les vestiges de l'ancienne voie romaine. J'ai pu fixer ainsi approximativement la longueur de son périmètre, que j'estime être de 32 à 35 kilomètres.

Au cours de cette exploration, il m'a été également permis de faire une découverte qui apporte un élément nouveau à une discussion que l'étude comparée des deux textes d'Hérodote et de Scylax a soulevée. Divers auteurs, et notamment M. Tissot, ont fait ressortir avec une remarquable sagacité, que, si l'auteur du Périple et l'auteur du livre IV des Histoires s'accordaient à placer une île dans le λίμνη dont ils parlent, il paraissait, par contre, exister entre eux une certaine divergence d'opinions relativement à la situation de cette île par rapport au lac Triton. Si l'on examine de près le texte de Scylax, on remarque que cet auteur grec a parlé d'une île *à l'entrée de la communication*, et qu'à cette île il a donné le nom de Triton. Si on lit le texte d'Hérodote, on observe au contraire que cette île était placée *au milieu du lac*, et que cette île s'appelait Phla. De cette différence de situation et d'appellation, plusieurs ont conclu que l'île Triton de Scylax ne devait pas être l'île Phla d'Hérodote, et qu'il devait y avoir deux îles dans le lac Triton.

La reconnaissance que j'ai faite de la sebkha Halk-el-Mengel m'a permis de constater l'existence, au centre même de cette lagune, d'une île mesurant 1,000 mètres environ en longueur et en largeur, et 7 à 8 mètres en hauteur au-dessus du lit de la sebkha. Cet îlot apparaît d'une manière très nette, que la sebkha soit ou non remplie d'eau. Une chaussée antique, qui certainement existait aux premiers temps de l'époque romaine et qui remonte probablement à une époque plus reculée, relie cet îlot au mamelon qui supporte Erghéla. Si l'on admet que Scylax et Hérodote ont voulu désigner sous les noms de Triton et de Phla deux îles différentes (et sur ce point je me range du côté de M. Tissot), l'île Triton de Scylax placée à l'entrée de la communication avec la mer du λίμνη sera l'île actuelle d'Erghéla, et l'île Phla d'Hérodote située au centre du λίμνη Τριτωνίς, sera l'îlot innommé qui se trouve au centre de la sebkha Halk-el-Mengel.

En résumé :

1° Le λίμνη de Scylax est le système de lagune qui borde le littoral de Hammamet.

2° Le λίμνη d'Hérodote est la sebkha Halk-el-Mengel.

3° L'île Tritonis de Scylax est l'île actuelle d'Erghéla.

4° L'île Phla d'Hérodote est probablement le monticule très apparent situé au centre de la sebkha Halk-el-Mengel.

5° Le fleuve Triton est l'oued Menfès.

Aucune modification sérieuse dans les couches géologiques, aucun changement dans la physionomie générale de la contrée, ne s'est produit depuis vingt-cinq siècles au fond du golfe de Hammamet.

— —

III. TEXTE DE POMPONIUS MELA.

Les deux textes de Scylax et d'Hérodote déterminent la position du lac Triton, le premier par rapport aux villes du littoral, le second par rapport aux territoires occupés par les tribus libyennes. Un autre texte, celui de Pomponius Mela, parle à son tour du lac Triton et fixe son emplacement par rapport à la Petite Syrte de Gabès. Pomponius Mela est le plus ancien des géographes latins dont les œuvres nous soient parvenues. Il écrivait vers l'an 43 avant Jésus-Christ, c'est-à-dire cinq siècles après Hérodote. De tous les géographes latins c'est celui qui parle dans les termes les plus précis du Triton, de sa position dans le voisinage de la Petite Syrte et du fleuve qui l'alimente.

Voici le passage où il fait allusion au lac Triton (1).

« Hadrumetum, Leptis, Clupea, Macomades, Thenæ, « Neapolis hinc ad Syrtim adjacent. Syrtis sinus est centum millia fere passuum qua mare accipit patens, tre- « centa, qua cingit.............................. Super hunc « ingens palus amnem Tritona recipit, ipsa Tritonis, unde « et Menervæ cognomen inditum est, ut incolæ arbitran- « tur, ibi genitæ...

« Ultra est Œa oppidum et Cynips fluvius, tum Leptis « altera et Syrtis, nomine atque ingenio par priori, altera « fere spatio, qua dehiscit, quaque flexum agit, am- « pliori. »

Dans ce passage, le mot qui fixe la position du lac Triton par rapport à la Petite Syrte est le mot *super;* le mot a été traduit de manières différentes.

(1) *De situ urbis,* l. VII.

« Près de ce golfe, imprime M. Tissot (1), est situé un « grand lac qui reçoit le fleuve Triton : ce lac s'appelle « lui-même Triton, et a donné son nom à Minerve. »

« Au delà de ce golfe, disait dans sa première étude (2) « le colonel Roudaire, est le grand lac Triton qui reçoit « les eaux du fleuve Triton. On l'appelle aussi lac de Pal- « las. »

Mais la préposition *super*, prise dans son sens général, ne veut dire ni « près de » ni « au delà de ». Elle signifie *au-dessus*. Prise dans le sens restreint que lui donne l'ensemble du texte, elle ne saurait non plus être rendue ainsi.

Dans la seconde étude qu'il a publiée sur l'emplacement de l'ancienne mer d'Afrique, le colonel Roudaire, se rendant un compte plus exact de la signification vraie de la préposition *super*, a adopté la traduction suivante : « Au-dessus, un immense marais appelé Triton, reçoit le fleuve Triton. On l'appelle aussi lac de Pallas. »

J'avais déjà, pour ma part, dans un mémoire lu à l'Académie des Inscriptions et Belles-lettres, proposé une semblable traduction. « Hadrumète, Leptis, Clypée, Macomades, Thenæ, Neapolis s'étendent de là (de Carthage « jusqu'à la syrte). La syrte est un golfe de près de cent « mille pas d'ouverture, et de trois cent mille pas de cir- « conférence. Au-dessus de la syrte, un immense marais « reçoit le fleuve Triton. On l'appelle aussi lac de Triton, « et il a donné son nom à Minerve, qui, d'après la tradition, « serait née dans le pays. Plus loin sont la ville d'Œa et

(1) Tissot, *Géographie comparée*, page 100.

(2) Roudaire, *Une mer intérieure en Algérie.* (*Revue des Deux-Mondes*, 15 mai 1863.) Telle est aussi la traduction de Panckouke.

« le fleuve Cynips; puis une autre Leptis et une syrte, « semblable à la première par son nom et par ses qualités « dangereuses, mais non par la grandeur, car elle a « presque le double de largeur à son ouverture et dans « son étendue (1). »

Le lac Triton, dit Pomponius Mela, est situé au-dessus de ce golfe. Que faut-il entendre par cette expression au-dessus?

Remarquons que Pomponius Mela ne désigne pas tout d'abord sous le nom de syrte le même golfe que Scylax a désigné sous le nom de Petite Syrte Cercinnitique. Le golfe dont veut parler le géographe latin diffère et par l'appellation et par la situation géographique du golfe de Scylax. D'après l'ensemble du texte de Pomponius, ce golfe, situé vers le sud au delà d'Hadrumète, de Leptis, de Macomades, etc., ne peut être que le golfe de Gabès.

Jusqu'ici, ceux qui ont identifié le lac Triton aux chotts actuels ont raisonné ainsi : le lac Triton étant situé dans l'intérieur des terres domine le golfe de Gabès, et se trouve par conséquent au-dessus de ce golfe. L'expression *super*, employée par Pomponius, serait ainsi conforme à l'emplacement occupé par les chotts actuels relativement au golfe de Gabès.

Au point de vue philologique, cette explication n'est pas complète; au point de vue géographique, elle est inexacte. Le mot *super*, ainsi que me le faisait remarquer M. Egger, a par lui-même deux significations : l'une horizontale, l'autre verticale. Dans le cas particulier qui nous occupe,

(1) *Situation géographique comparée des syrtes et du lac Triton*, Mémoire inséré dans le *Bulletin de l'Académie des inscriptions et Belles-lettres*, 3e trimestre, 1884.

« au-dessus de la syrte » veut dire aussi bien au nord qu'à l'occident, c'est-à-dire que cette expression convient autant à la situation géographique de la sebkha Halk-el-Mengel qu'à celle des chotts par rapport au golfe de Gabès.

De ces deux significations, verticale et horizontale, la signification verticale seule paraîtra cependant devoir être adoptée ici. Le Périple de Mela va de la Mauritanie à l'Égypte. Le voyageur supposé de Mela, descendant de Carthage vers le golfe de Gabès, mentionne les villes qui s'étendent jusqu'à la syrte, donne les dimensions de cette syrte, puis, sa narration achevée, il ajoute que le lac Triton est au-dessus de la syrte. Et en effet, à ce point de sa course, ce lac qu'il vient de dépasser en allant du nord au midi, il le voit au-dessus de sa tête et au-dessus du golfe où il se trouve. Ce lac lui est supérieur à lui en même temps qu'au golfe de Gabès qu'il domine.

La signification verticale du mot *super* concorde, fait corps avec la direction générale du Périple, avec la direction verticale du voyageur descendant de Carthage au midi. On pourrait ajouter encore que cette signification est, de plus, la seule conforme à la vérité géographique. En effet, le littoral de Gabès est à une altitude beaucoup plus élevée que celle des chotts; c'est lui qui domine les chotts, non les chotts qui le dominent (1). Les chotts Mel-

(1) Lorsque les textes m'ont paru présenter certaines difficultés de traduction et prêter matière à des discussions, je m'empressais d'aller demander à M. Egger de vouloir bien me prêter le secours de sa profonde connaissance des langues anciennes, et c'est ainsi que, notamment, j'ai pu arriver à préciser la signification géographique de la préposition *super*, de Pomponius Mela et celle de, la préposition *citra* de Pline, que l'on trouvera exposée plus bas.

ghig et Rharsa sont même situés au-dessous du niveau de la mer. Mais le géographe latin s'est probablement assez peu préoccupé de cette altitude. Qu'il suffise de dire, qu'au point de vue philologique, le mot *super* peut très bien désigner le pays au nord du golfe de Gabès; et qu'au point de vue géographique, la sebkha Halk-el-Mengel est la seule nappe d'eau de tout le littoral de la Byzacène à laquelle cette expression puisse se rapporter.

IV. TEXTE DE PTOLÉMÉE.

Pour dissiper toutes les obscurités dont on croyait entourer les textes de Scylax et d'Hérodote, il a suffi d'exposer simplement les particularités géographiques du littoral d'Erghéla et du bassin hydrographique récemment découvert dans la Tunisie centrale. Les difficultés, en effet, ne provenaient pas des textes eux-mêmes, mais de l'application que l'on avait voulu faire des données anciennes à une région à laquelle elles ne se rapportaient nullement. Les passages d'Hérodote, de Scylax et de Pomponius, au contraire, ont toute la précision qui convient aux ouvrages spéciaux dont ils font partie. Destiné à être mis entre les mains de Portulans, le Périple que l'on attribue à Scylax a ce caractère de netteté et de simplicité convenant à un livre pratique, qui doit guider et renseigner un navigateur longeant la côte. Faisant corps avec la description générale des peuples de la Libye, les renseignements géographiques d'Hérodote sont exposés avec toute la clarté que l'on aime à trouver dans une description historique et géographique. Le passage, malheureusement trop court, où Pomponius Mela nous parle du Triton, n'a jamais soulevé d'autres difficultés que celle qui résulte de l'interprétation du mot *super*. Mais la quatrième source où il nous est permis de trouver des renseignements méthodiques sur le Triton, doit être cherchée au milieu d'un système plus compliqué.

La géographie de Ptolémée n'est ni un livre de géographie ni une description comme le *De situ orbis*, de Mela, ni un manuel pratique comme le Périple de Scylax. C'est une géographie astronomique, ou plutôt un essai de géographie astronomique, dans lequel, dans la pensée de son auteur, la partie astronomique constitue le fond, et la partie géographique l'accessoire. Tel quel, ce livre n'en reste pas moins une œuvre inappréciable au point de vue géographique, et qui contient les renseignements les plus précieux sur la région tritonique.

Vers la fin du deuxième siècle de l'ère chrétienne, Ptolémée eut l'ambition de déterminer la position des principales localités du globe, d'après le chiffre de leur latitude et celui de leur longitude calculée à partir du méridien de l'île de fer. Le résultat de ses efforts et des calculs auxquels il se livra est consigné dans un livre qui porte le titre de Géographie de Ptolémée. Ce livre contient à la fois une nomenclature géographique des fleuves, villes, montagnes de chaque région, et la notation astronomique correspondante mise en regard de chaque localité géographique. La géographie est divisée en huit livres. A l'exception du livre premier, consacré spécialement à l'exposition de la méthode de Ptolémée, ces livres contiennent la description des diverses parties du monde alors connues.

Cette description a lieu par tables, c'est-à-dire par chapitres où sont exposées la nomenclature géographique et la notation astronomique des localités de telle ou telle partie d'une région. Cette nomenclature géographique n'est pas dressée au hasard, mais bien dans un ordre méthodique et régulier. Ptolémée cite d'abord la province', puis les villes, et les particularités de la côte : lagunes, embouchures des fleuves, etc., puis les villes et montagnes de l'intérieur, en observant dans l'énumération successive de chacune de ces localités leur ordre de position relative.

Le livre IV est celui qui est spécialement consacré à la description de la Libye, Mauritanie, Numidie, province d'Afrique, Cyrénaïque et Marmarique, Égypte, Libye intérieure. Dans la table II est contenue la description de la province d'Afrique. Ptolémée fait l'énumération des villes situées le long du littoral de la province, mentionne les particularités de la côte; naturellement il est amené à parler de l'embouchure du fleuve Triton. Cette embouchure, Ptolémée semble indiquer qu'elle se trouve dans le golfe de Gabès; il cite en effet le long de la Petite Syrte et en allant du nord au sud, Macadome, les embouchures du fleuve Triton, puis Tacape. Plus loin, dans la même table, il donne aussi d'autres détails sur le fleuve Triton. Il nous apprend que sur le parcours de ce fleuve s'échelonnent trois lacs, le lac Pallas, le lac Libye et le lac Triton, et que la source du fleuve se trouve dans la montagne de l'Ousaleton. Au pied de cette montagne, continue-t-il, commence le désert de Libye.

Voici ces divers passages :

Le long de la Petite Syrte.

Thénæ...........................	long.	38° 30′	lat.	31° 20′.
Macadome........................	long.	38° 30′	lat.	30° 15′.
Les embouchures du fleuve Triton..	long.	38° 40′	lat.	30° 30′.
Tacape (Gabès)....................	long.	38° 50′	lat.	36° 30′.
A l'intérieur, le mont Ousaleton......				
Commençant à.....................	long.	37° 00′	lat.	28° 00′.
Finissant à.......................	long.	39° 30′	lat.	26° 30′.
Duquel coule le fleuve Triton, où se trouvent plusieurs lacs...........				
Le lac Triton......................	long.	28° 40′	lat.	29° 30′.
Le lac Pallas.......................	long.	38° 30′	lat.	25° 15′.
Le lac de Libye....................	long.	38° 30′	lat.	28° 15′.

Les indications contenues dans ces passages sont les suivantes :

1° Les embouchures du fleuve Triton sont situées entre Macadome et Tacape.

2° La source de ce fleuve est dans la montagne appelée l'Ousaleton.

3° Ce fleuve traverse trois lacs.

La première de ces indications a été, on peut dire, le point de départ de toutes les erreurs qui ont été commises au sujet du Triton. Ayant remarqué que les embouchures du fleuve Triton sont citées après Macadome et avant Tacape, tous les commentateurs ont été amenés à prendre une des trois rivières minuscules de Gabès pour l'embouchure même du fleuve Triton, les trois chotts Djerid, Rharsa et Melghig pour les trois lacs de Ptolémée, l'oued Djeddi ou l'oued Igharghar pour le reste du grand fleuve Triton; enfin, pour faire concorder les textes ensemble et par une déduction naturelle, ils ont été obligés d'appliquer les données d'Hérodote et de Scylax à la région des chotts; puis, pour concilier ces données avec celles de Ptolémée, ils ont dû considérer les chotts comme le lit d'une ancienne mer ayant communiqué autrefois avec la Méditerranée, et s'étant desséchée depuis la célèbre aventure des Argonautes.

Indépendamment du fait aujourd'hui acquis de la non-communication à l'époque historique des chotts avec la Méditerranée, il n'est pas possible de trouver à 15 kilomètres au nord de Gabès, ni plus au nord, ni au midi de cette ville, un fleuve quelconque, qui puisse correspondre au fleuve Triton. L'ensemble du système hydrographique des chotts ne saurait être pris lui-même pour ce fleuve. Le bassin du Triton, d'après Ptolémée, est un bassin unique; sur le parcours du fleuve s'échelonnent trois lacs. Or, les chotts ne forment pas un bassin unique, mais bien un groupe de bassins isolés, chacun d'eux étant indépendant l'un de l'autre. De plus, les trois chotts ne se trouvent pas en contre-bas l'un de l'autre dans la direction de la mer. Le chott Djerid, le plus rapproché de la mer, domine les deux autres, et ni l'oued Djeddi, ni l'oued Igharghar, ni l'oued Mya n'ont pu, à l'époque historique, se jeter à la mer. Enfin, aucune de ces trois grandes rivières ne prend sa source au mont Ousaleton.

L'emplacement des embouchures du fleuve Triton entre Macadome et Tacape est une erreur de la part de Ptolémée, c'est une erreur de sa nomenclature géographique. Dans la longue liste de 8,000 noms contenus dans la géographie, l'auteur ne s'est pas toujours astreint à suivre l'ordre géographique dans lequel s'échelonnent les villes et les rivières. Bien des inexactitudes de ce genre peuvent être relevées dans le texte du géographe grec. Ainsi, sans sortir de la province d'Afrique, Ptolémée commet dans la même table, et au sujet du fleuve qui vient immédiatement au nord du Triton, une méprise analogue. Le géographe-astronome indique l'embouchure de Catada au nord de Maxula. Or, l'oued Melian actuel, qui est l'ancien Catada, se jette non au nord, mais au midi de Radès, qui est l'ancienne Maxula. Il faut même ajouter que l'erreur commise au sujet de l'embouchure du Triton paraît plus excusable que celle qui a été commise au sujet de l'embouchure de l'oued Mélian ; en effet, ce dernier oued se jette par une embouchure directe et à plein canal dans le golfe d'Hammamet, tandis que l'oued Menfès, qui a bien deux embouchures (comme le dit Ptolémée, du Triton, ἐκβολαὶ) cache ses deux bras dans la sebkha Halk-el-Mengel et ne va pas jusqu'à la mer.

Mais ce qui, aux yeux de quelques-uns, aura plus de valeur que tous les arguments tirés des erreurs analogues contenues dans le texte ptoléméen, est la rectification fournie par l'auteur lui-même, de l'emplacement du fleuve Triton. Le passage où cette rectification si importante est contenue, doit être compté au nombre de ceux qui n'ont pas été apportés encore dans le débat relatif au Triton.

Après avoir parlé des villes du littoral et des embouchures de la province d'Afrique, Ptolémée, au cours du même chapitre, parle des villes qui sont situées entre les rives de chacun des fleuves de cette contrée. Il commence par la liste des villes situées entre Tabarca et le fleuve Bagradas, puis, immédiatement après, il fait l'énumération des villes situées entre le Bagradas et le Triton.

Μεταξὺ δὲ Βαγράδα ποταμοῦ καὶ τοῦ Τρίτωνος ποταμοῦ ὑπὸ μὲν Καρχηδόνα·	Entre le fleuve Bagradas et le fleuve Triton au-dessus de Carthage sont :
Μαξοῦλα παλαία	Maxula vetus
Ἰὼλ	Jol
Θεμισα	Themisa
Κουινα κολωνια	Civitas Cuina
Οὔθινα	Uthina
Ἄβδερα	Abdera
Μεδικάρα	Mediocera
Θουβουρβὼ	Thuburbo
Τουκμα	Thaema
Βουλλαρηνσα	Bullamentum
Κερβικα	Cerbica
Νουρολι	Nurum
Τικελία	Ticela
Σασσουρα	Sassura
Κιλμα	Gilma
Ουεπιλλιον	Vepillium
Θαββα	Thaba
Τιχασα	Tichesa
Νεγετα	Negeta
Βουθων	Bunthum
Ἀπὸ δὲ Ἀδρούματον πόλιν·	A partir d'Hadrumète sont situées :
Αλμαινα	Almœna
Ουτικνα	Outiena
Γραβασα	Grabasa
Τουρζω	Thourza
Ουλιζιβιρρα	Oulizibirra
Ορβιτα	Orbita
Οασιτα	Uzita
Γίσιρα	Gisira
Ζουρμεντον	Zourmentum
Ζαλαπα	Zalapa
Αυγουστον	Augustum
Λεαι	Leia
Αουιδος	Aouidos
Ουβατα	Oubata

Τισουρος	Tissurus
Θυσδρος	Thysdrus
Ουζηκια	Ouzikia
Σιτιενσις.	Sitiensis
Λασικη.	Lasike
Βυζακινα	Buzacina
Γαργαρον	Targaron
Καραρος	Cararos
Καψα	Capsa
Πουτεα	Poutea
Καραγα	Caraga
Μουρος	Mouros
Ζουγαρ	Zugar

Ce passage peut être entendu ainsi :

Ptolémée commence par indiquer les villes qui se trouvent entre le Bagradas et le Triton au midi de Carthage. Cette nomenclature achevée, il continue en nous donnant la liste des villes situées après le fleuve Triton, toujours en descendant vers le sud, et il commence par Hadrumète. Donc le fleuve Triton est le fleuve qui venait après le Bagradas, c'est-à-dire qui est au midi du Bagradas; c'est aussi le fleuve qui est au nord d'Hadrumète et de toutes les villes que Ptolémée énumère à sa suite. Ici, le fleuve Triton ne figure plus comme un simple nom perdu au milieu d'une sèche nomenclature; mais sa situation géographique est prise comme point de repère important pour toutes les villes de Libye. Or, le Triton est indiqué comme étant au midi de la Medjerdah et au nord d'Hadrumète, et de son cours au cours de la Medjerdah se succèdent Maxula Vetus, Mediocerra, Thuburbo, Gilma; et au delà de l'autre rive, Hadrumète, Thysdrus, Tozeur, Capsa, etc. Sans doute, il existe ici, comme dans tout le reste de l'œuvre de Ptolémée, des erreurs de détails.

Ainsi certaines villes comme Sassura (Zérandim actuellement) sont mentionnées au nord du Triton, alors qu'en réalité elles sont au midi du Bagla, mais l'ensemble général du texte contient une indication suffisante de l'emplacement du fleuve Triton au nord d'Hadrumète, de Thysdrus, etc. Le géographe alexandrin paraît même avoir sur cette région des notions très précises, car les positions de diverses villes et notamment d'Uthina (Oudna), de Thuburbo Majus (Henchir Kasbah) et de Mediocerra (Aïn Mdeker) sont, par hasard, indiquées assez exactement sur la carte ptoléméenne.

Mais ce n'est pas seulement par sa situation relative entre les villes de Carthage et de Thuburbo Majus, d'Uthina (Utina), de Mediocerra au nord; et celle d'Hadrumète, de Capsa, de Tozeur, de Thysdrus au sud, que le fleuve actuel de la Tunisie centrale correspond au fleuve Triton. Ce fleuve est encore le seul qui puisse satisfaire aux données multiples indiquées par Ptolémée. « C'est le « seul qui naisse dans les ravins des monts Ousselet, « l'Ousaleton du géographe alexandrin (1). C'est aussi le « seul de toute la côte orientale de la Tunisie qui, pro- « venant d'une assez grande distance dans l'intérieur « des terres, se continue par un lit reconnaissable jusqu'à « une Petite Syrte et lui apporte parfois une certaine « quantité d'eau (2). C'est enfin le seul sur le parcours « duquel s'échelonnent trois lacs. »

Le fleuve qui se jette dans la sebkha Halk-el-Mengel sous le nom d'oued Menfès, est formé de la réunion de

(1) Élisée Reclus, *Géographie universelle*, tome X « Tunisie. »
(2) Idem, *Ibidem*.

plusieurs branches qui descendent isolément du plateau central et viennent converger dans la plaine de Kaïrouan. La plus méridionale de ces branches, l'oued Fekka, a sa source dans le pâté montagneux qui entoure Tebessa; la plus septentrionale, l'oued Marcuelil, au mont *Oussalet*, en arrière de Kaïrouan. Après la jonction de l'oued Marcuelil et de l'oued Fekka ou de l'oued Zéroud (nom que porte alors la branche méridionale), le fleuve se renfle en aval de Kaïrouan en une longue dilatation fusiforme, vrai lac de 5 kilomètres de large sur autant de long, à sec pendant l'été, rempli d'eau en hiver; c'est la sebkha ou oued Bagla; puis apparaît le lac Kelbiah puis la sebkha Halk-el-Mengel; et c'est après avoir traversé cette série de lacs que ses eaux vont se mêler à celles du golfe d'Hammamet. Au premier lac en aval de Kaïrouan correspond le lac de Libye, au lac Kelbiah, le lac Pallas, à la sebkha Halk-el-Mengel le lac Triton. Dans le texte de Ptolémée, le λίμνη Τριτωνὶς, son troisième lac, correspond au λίμνη Τριτωνὶς d'Hérodote, « au palus ingens Tritonis » de Pomponius Mela. C'est toujours de la sebkha Halk-el-Mengel qu'il s'agit.

A la vérité, quelques-uns, MM. Roudaire et Tissot (1) entre autres, ont contesté la synonymie de l'Ousaleton de Ptolémée et de l'Ousselet actuel, entre lesquels il n'y aurait qu'une analogie fortuite de nom. « Le mont « Ousselet actuel, dit le colonel Roudaire, ne peut être « le mont Ousaleton de Ptolémée. On retrouve souvent « en Afrique les mêmes noms employés pour désigner

(1) Roudaire, *Nouvelle Revue* : « 1er mai 1881. L'ancienne baie de Triton et la mer intérieure d'Afrique. »

« des rivières ou des montagnes peu éloignées les unes « des autres. Le mont Ousaleton faisait partie du massif « montagneux qui forme la ceinture nord-ouest du bas- « sin du chott Melghig (1). »

Si l'on consulte les documents anciens, on remarque que le mot Ousaleton n'a jamais servi qu'à désigner un seul et même massif en Afrique. De même aujourd'hui, nul autre massif montagneux que celui qui se trouve à 30 kilomètres de Kaïrouan ne porte en Afrique le nom d'Ousselet. M. Tissot le reconnaît. « Il n'existe pas aujourd'hui, quoi qu'on ait dit, de montagne de ce nom dans le voisinage du chott Djerid, M. Ragot a été sur ce point complètement induit en erreur; l'étude toute spéciale que nous avons faite sur place du bassin de Djerid nous permet de l'affirmer (2).

Les hypothèses et les doutes sur la synonymie de l'Ousaleton et de l'Ousselet pouvaient être permis à une époque où on ne connaissait pas la Tunisie centrale. Elles ne sauraient plus l'être aujourd'hui, alors qu'on sait que de l'Ousselet sort une rivière qui se dirige vers le golfe de Hammamet, et qui présente toutes les particularités géographiques signalées sur le cours du Triton. Déjà, et sans avoir la moindre intuition des découvertes géographiques qui devaient avoir lieu dans la partie centrale de la Tunisie, Mannert et tous les géographes modernes à sa suite ont admis l'identité de l'Οὐσάλετον ὄρος et du mont Ousselet actuel; et cette preuve de sagacité est d'autant plus digne de remarque, que la nature particulière de leurs idées sur l'identification du bassin des chotts et du Triton

(1) Tissot, *Géographie comparée, etc.*, p. 25.
(2) Idem, *ibidem*.

aurait dû leur faire adopter sur ce point les hypothèses émises au sujet de l'existence dans le sud de la Tunisie d'un mont Ousselet quelconque. Nous verrons aussi plus loin, par les écrits des historiens et des géographes arabes, que la montagne à l'ouest de Kaïrouan s'est toujours appelée Ousselet, et qu'elle est la seule en Tunisie à avoir porté ce nom. Mais, sans sortir des textes de Ptolémée, on peut découvrir un passage qui indique la position relative du mont Ousaleton par rapport aux montagnes voisines et au fleuve Bagradas (1).

Καὶ τὸ Μάμψαρον ὄρος ἀφ' οὗ ὁ Βαγράδας ποταμὸς ῥεῖ καὶ τὸ καλούμενον Διὸς ὄρος, καὶ τὸ Οὐσάλετον ὄρος.

Et le mont Mampsarus, au pied duquel le Bagradas a sa source. Et le mont Jupiter et le mont Ousaleton (se trouvant au delà au midi).

Dans la table où ce texte est renfermé, Ptolémée, suivant sa méthode, énumère, d'après l'ordre de leur échelonnement du nord au midi, les fleuves de la province d'Afrique et les montagnes où ces fleuves ont leur source. Or, l'Ousaleton est indiqué ici comme étant au midi de la Medjerdah actuelle (ancien Bagradas) et du mont Djougar dans lequel on s'accorde à reconnaître l'ancien Mons Jovis (Jupiter).

Dans un autre passage, Ptolémée fixe la position du mont Ousaleton par rapport à la physionomie du pays environnant, et aussi par rapport à une ville ou à un peuple (suivant les deux versions) qui était aux alentours.

(1) Ce passage a été cité également pour la première fois dans le Mémoire lu à l'Académie des Inscriptions et Belles-Lettres le 18 janvier 1884 : « L'emplacement de la mer intérieure d'Afrique. » — *Bulletin de l'Académie des Inscriptions*, 1er trimestre 1884.

Καὶ ὑπὸ τὸ Οὐσάλετον ὄρος Οὐσάλα (Οὐσαλαί). Καὶ ἡ ἄκρη τῆς ἐρήμου Λιβύης.	Au pied du mont Ousselet se trouve la ville d'Usala (ou le peuple des Oussalets), et là est le commencement de la Libye déserte.

Si l'on adopte la première version, il ne sera pas difficile de trouver au pied du mont Oussalet actuel la ville à laquelle fait allusion Ptolémée. Sur le versant oriental du massif montagneux qui se dresse à 30 kilomètres de Kaïrouan, se voient les ruines d'une ville antique enfermées dans une grande enceinte presque entièrement renversée et flanquée jadis de tours carrées. Le pourtour de l'enceinte est d'un kilomètre environ. On donne à ces ruines le nom d'enchir Djeloula. Dans cet enchir, sir Grenville-Temple a voulu reconnaître l'ancien oppidum Usalitanum de Pline, habité par des Latins. Cet oppidum Usalitanum peut correspondre à la ville d'Ouzala de Ptolémée.

Il y a là, certes, entre ces dénominations, des rapprochements qu'il est bon de signaler, mais qui ne constituent pas, en l'absence d'inscriptions trouvées à Djeloula, une preuve absolue en faveur de la synonymie de l'henchir Djeloula et de l'ancien oppidum Usalitanum. Il en est tout autrement du nom de la tribu qui habite les gorges de l'Ousselet.

Cette tribu porte encore, à l'époque actuelle, le nom d'Ousselatia, comme il y a 1,600 ans portaient le nom d'Oussalets les peuplades qui habitaient le mont Ousaleton. Elle forme aujourd'hui une des cinq fractions de la tribu des Zlass, mais longtemps elle conserva son indépendance et vécut de sa vie propre, à l'abri de ses montagnes. Au dix-huitième siècle, les fiers et belliqueux montagnards de l'Ousselet étaient encore tout disposés à se mettre en révolte contre le pouvoir établi, quelle que fût son origine. Lors de la célèbre querelle des Hassénia et des Baschéia, qui mit aux prises toutes les tribus de la Régence, c'est dans le massif de l'Ousselet que se prépara l'insurrection, et ce furent les Ousselatia qui en donnèrent le signal. Ali, le compétiteur d'Hussein, se réfugia chez eux, et de là fomenta une rébellion générale. Pendant trois mois, l'armée d'Hussein occupa diverses positions, soit au pied, soit dans les gorges de la montagne. Les Ousselatia furent resserrés au point que toute communication fut interrompue avec le reste du pays. Néanmoins, après avoir livré cinq ou six combats plus ou moins heureux, Hussein fut obligé de lever le siège, ou plutôt le blocus du massif montagneux où se retranchaient les Ousselatia, et de détruire tout le matériel et les approvisionnements de l'armée.

J'ai fait cette digression sur les mœurs des Ousselatia, et me suis arrêté sur cet épisode peu raconté de la lutte des Hassénia et des Baschéia, parce qu'il m'a semblé que le caractère belliqueux de cette peuplade a pu contribuer à sauvegarder son nom de l'oubli. La quasi-indépendance des Ousselatia peut certainement expliquer, dans une certaine mesure, le maintien en Tunisie d'un nom qu'ils portaient il y a seize siècles.

Ce dernier passage de Ptolémée doit encore attirer l'attention par la deuxième indication qu'il contient : la limite septentrionale du désert de Libye, qu'il fixe au pied du mont Ousselet. D'une manière bien inattendue, bien indirecte, ces quelques mots viennent confirmer les renseignements d'Hérodote, et montrer que dans l'intervalle de seize siècles, l'opinion des historiens et des géographes n'a guère varié sur la nature et l'aspect des pays qu'arrose le Triton. Nous savons en effet, par Hérodote, que le fleuve Triton forme la ligne de démarcation entre la région des terres boisées, fertiles, cultivées s'étendant au couchant, et les terres pauvres, sablonneuses et incultes situées à l'orient. Or, d'après Ptolémée, le mont Ousselet est précisément la montagne où ce fleuve prend sa source. Le commencement de la Libye déserte a donc été fixé par Ptolémée et par Hérodote au même point de l'Afrique.

Ainsi, les données géographiques données par Ptolémée sur le fleuve Triton se retrouvent identiques sur le cours du fleuve de la Tunisie centrale. De nouveaux textes empruntés aux tables, ajoutés aux anciens textes connus, ont permis de rectifier certains renseignements et d'éclaircir certains détails contestés. Qu'on me permette cependant de ne pas terminer cette étude d'adaptation des données géographiques de Ptolémée et des indications topographiques de la Tunisie centrale, sans attirer l'attention sur un point de détail qui, s'il n'était élucidé, pourrait laisser croire à quelques-uns que dans les données à nous transmises sur la Tunisie centrale, le géographe alexandrin s'est trompé en faisant naître le fleuve Triton au pied du mont Ousaleton. Nous savons que non loin du mont Ousselet actuel naît l'oued Marcuelil, l'une des deux grandes rivières, qui par leur jonction en aval de Kaïrouan, vont former le Bagla et l'oued Menfès. Mais cette rivière ne peut être considérée comme l'artère maîtresse, bien que, par la hauteur et l'escarpement de ses berges, la largeur de son lit et le volume des eaux qu'elle roule, elle ne soit pas inférieure à l'autre branche, l'oued Fekka (qui porte le nom de Zéroud à sa jonction avec le Marcuelil). Celle-ci est bien la branche qui mérite de donner son nom, depuis la source jusqu'à l'embouchure, au fleuve qui traverse toute la Tunisie centrale. Elle a un cours plus long que l'oued Marcuelil; mais elle ne naît pas au pied de l'Ousselet; elle naît près de Tebessa. Faut-il donc supposer que dans la géographie de Ptolémée, l'oued Marcuelil a pris la place de l'oued Fekka?

Il ne me paraît pas nécessaire de mettre cette nouvelle inexactitude au compte de Ptolémée. Le massif auquel aujourd'hui on donne le nom d'Ousselet, n'est pas une montagne unique; c'est une réunion de hauteurs qui termine, du côté de l'Orient, le boursouflement montagneux formant la chaîne de séparation des affluents de la Medjerdah et du Fekka.

Aujourd'hui, cinq gros blocs montagneux, le Cherichira, le Sfeya, le Chraïb, le Sefeya, l'Ousselet composent ce qu'on appelle les monts Ousselets. En avant d'eux est la plaine nue de Kaïrouan, qu'ils surplombent. En arrière sont les plateaux des Hamadas qui, par la crête du djebel Sidi-bou-Ranem, se rattachent à la croupe des hauteurs qui entourent Tebessa; et dans l'une desquelles le Fekka, qu'on appelle alors Foucéna, prend sa source. Qu'on suppose qu'à l'époque de Ptolémée on ait donné le nom d'Ousaleton au boursouflement montagneux qui sépare les eaux de la Medjerdah de celles du Fekka, et dont les Ousselets ne sont que les avant-monts dans la plaine de Kaïrouan, et l'on aura trouvé une explication du texte satisfaisant d'une manière complète aux exigences de la géographie la plus minutieuse. Le fleuve Triton de Ptolémée sera représenté sur le plateau central tunisien par la branche méridionale de l'oued Bagla, comme il l'est, d'après des indications positives cette fois, par l'oued Bagla puis par le Menfès dans la plaine de Kaïrouan.

Si nous pouvions ajouter foi aux données astronomiques de Ptolémée, nous pourrions invoquer une indication, qui aurait toute la valeur d'une preuve, de l'extension ancienne de l'appellation Ousaleton à tout le massif qui s'étend entre les eaux du Fekka et celles de la Medjerdah. Dans la géographie de Ptolémée, le mont Ousaleton a, d'après les coordonnées de ses points extrêmes, un développement de 300 kilomètres. Or, c'est à peu près l'étendue qu'occupe à la surface de la Tunisie centrale la ligne de hauteurs dont l'Ousselet est la tête. Mais l'œuvre astronomique de Ptolémée peut prêter matière à discussion. D'autre part, l'étude de la nomenclature géographique des villes situées au nord du Triton, me paraît fournir un argument sérieux en faveur de la thèse assimilant la branche méridionale du Bagla au Triton. En effet, parmi les villes que Ptolémée cite comme situées entre le Bagradas et le Triton (au nord du Triton par conséquent), se trouvent des villes qui comme Gilma sont au midi de la chaîne des Ousselets et au nord du Fekka. On peut donc conclure, ou que le Fekka actuel portait le nom de Triton, et que la dénomination Ousaleton avait une signification géographique plus étendue qu'aujourd'hui, ou bien que Ptolémée a commis une de ces erreurs de détails qui lui sont familières, mais qui ne diminuent que de bien peu la valeur de l'ensemble de son œuvre.

CHAPITRE VI.

DE LA VALEUR QUE L'ON DOIT ATTRIBUER AUX CARTES ASTRONOMIQUES DE PTOLÉMÉE, ET DES INDICATIONS DE CES CARTES QUI SE RAPPORTENT A LA GÉOGRAPHIE DU PAYS TRITONIQUE.

Dans les tables de Ptolémée, avons-nous dit, chaque nom géographique est accompagné de sa notation astronomique en longitude et en latitude. Pour nous faciliter l'intelligence de ces notations, des cartes ont été dressées qui accompagnent ces tables, et qui reproduisent point par point l'emplacement assigné aux localités d'après les chiffres de longitude et de latitude indiqués pour chacune d'elles. Quand on jette les yeux sur la carte qui accompagne la table II du livre IV, on y trouve naturellement reproduite la méprise de Ptolémée relative aux « embouchures du fleuve Triton. » La notation astronomique mise en regard de ces « embouchures » place ces mêmes embouchures à 15 kilomètres nord de Tacape (Gabès). A l'appui de la théorie identifiant le système hydrographique des chotts au système hydrographique du Triton, ce nouvel argument a été invoqué (1), et une partie de la carte qui accompagne la table II du livre IV reproduite (2).

(1) Roudaire, *Nouvelle Revue*, 1er mai 1884.
(2) Société de Géographie : Séance du 6 février 1885. *Carte du système hydrographique de Ptolémée, d'après la thèse du Dr Rouire et celle du colonel Roudaire, par le colonel Roudaire.*

Sur cette carte astronomique, la situation géographique des chotts était indiquée comme coïncidant avec la situation assignée par Ptolémée aux trois lacs de Libye, de Pallas et de Triton; et naturellement, en ne voyant que cette partie de la carte, on était amené à conclure que les trois chotts ne sont autres que les trois lacs de Ptolémée, et aussi que l'oued Djeddi, qui se jette dans le chott Melghig, n'est autre que le fleuve Triton (1).

« Si, disait le colonel Roudaire (2), l'on reconstruit point « par point la carte de l'Afrique au moyen des coordon- « nées géographiques des Tables de Ptolémée, on est « étonné de la précision des documents qu'il nous a laissés, « à une époque où l'on ne connaissait pas la boussole, et « où l'on ne possédait pas d'instruments de géodésie. Les « inflexions du littoral, depuis le promontoire de Mercure « (cap Bon) jusqu'à Tacape (Gabès), se trouvent repro- « duites dans leurs lignes générales. Sans doute, l'orien- « tation n'est pas absolument exacte. Ainsi, par exemple, « la direction de la côte et les positions des villes et mon- « tagnes s'infléchissent trop vers le sud-est. Mais ce « sont là des erreurs de détail qui, par cela même qu'elles « sont communes à tous les points, ne changent pas leur « situation relative. Les tables de Ptolémée peuvent donc « être considérées comme ayant un caractère absolument « précis et scientifique. Or, sur la carte reconstruite d'a- « près ces données, on voit que l'embouchure du fleuve « Triton se trouve placée à 15 kilomètres de Tacape

(1) Société de Géographie : Séance de la commission centrale, 2 février 1885.

(2) *Nouvelle Revue*, 1er mai 1881 : « L'ancienne baie de Triton et le projet de mer intérieure. »

« (Gabès). C'est exactement la distance qui sépare de « Gabès l'embouchure de l'oued Melah. »

Malheureusement, les cartes de Ptolémée n'ont pas le caractère de précision scientifique que M. Roudaire s'est plu à leur reconnaître. Sur ce point, toute la science est d'accord. « On ne peut accorder la moindre valeur aux indications astronomiques (1), dit M. Tissot, et personne, parmi les commentateurs modernes, n'a cherché à éclaircir les obscurités géographiques de Ptolémée à l'aide des notations astronomiques indiquées par lui. » Même parmi les plus chauds partisans de l'identification des chotts et du lac Triton, nul jusqu'ici n'avait songé à invoquer les données astronomiques des tables comme un argument en faveur de la thèse choisie. Ni Mannert, ni Tissot lui-même, n'ont voulu, n'ont osé recourir à un pareil témoignage.

En essayant de déterminer la notation astronomique de chacune des localités mentionnées dans son livre, Ptolémée a entrepris une œuvre impossible pour son époque. On sait que la méthode de Ptolémée est constituée par la conversion des éléments itinéraires en notations de longitude et de latitude. Il fallait donc, pour que cette méthode donnât de bons résultats, que le géographe alexandrin fût en possession d'observations de latitude et de longitude suffisamment précises. Or, tous ces matériaux lui faisaient également défaut. Quand Ptolémée composa ses Tables, le nombre des lieux pour lesquels on avait des observations gnomoniques ou de latitude était de 400 ; et encore ces observations étaient-elles d'une valeur fort inégale, et un très grand nombre prodigieusement erronées. Quant

(1) Tissot, *Géographie comparée*, p. 24.

aux observations de longitude, Ptolémée n'en possédait pas une seule sur laquelle il pût faire le moindre fond. D'autre part, on peut deviner ce que devaient être les itinéraires antiques, à une époque où l'on n'avait ni boussole pour déterminer les directions, ni chronomètre pour marquer les intervalles, ni moyens usuels et pratiques de reconnaître les hauteurs méridiennes, ni ceux d'estimer en mer l'influence des courants, ni surtout ce sentiment de l'observation scientifique que l'éducation générale développe toujours à un certain degré chez ceux-là surtout qui se savent appelés, à un titre quelconque, à visiter les pays étrangers. Recueillie en dehors de tous ces moyens et de ces garanties, l'immense majorité des anciens itinéraires ne pouvait fournir que de simples estimes, et le plus habituellement de grossières approximations. C'est cependant avec de pareils matériaux que Ptolémée entreprit de fixer la position en latitude et en longitude de 8,000 noms géographiques enregistrés dans ses Tables (1)!

Le genre de stade auquel Ptolémée a rapporté ces distances aurait, en outre, vicié dans son ensemble et dans ses détails son œuvre toute entière. Ce stade ne serait ni le stade olympique, qui était pour les Grecs la mesure nationale par excellence, ni le stade égyptien, plus court que le stade olympique d'un septième, et employé déjà par Érathostène dans sa célèbre mesure du degré terrestre où il se trouve être compris 700 fois. Le stade de Ptolémée serait une mesure factice dont il compte 500 au degré équatorial, un stade bâtard qui n'aurait de base réelle ni dans la nature ni dans l'usage local (2). Or, Ptolémée ne

(1) Vivien de Saint-Martin, *Histoire de la géographie ancienne*, p. 200.

(2) L'origine du stade de Ptolémée reposerait sur une mesure grossière-

se serait pas demandé si le stade employé dans l'estime de leurs distances par les voyageurs et par les marins, soit grecs, soit égyptiens, était bien en effet ce stade dont il comptait 500 pour un degré. Il aurait pris de toutes mains les distances marquées par les voyageurs, et sans faire aucune distinction, il aurait réduit ces distances pour les appliquer sur la carte à raison de 500 stades pour un degré. En procédant ainsi, le géographe alexandrin aurait agi comme un Allemand qui relèverait des nombres donnés par un Anglais en milles d'Angleterre, ou par un Italien en milles d'Italie, et qui de tous ces milles n'en ferait qu'un avec le mille allemand (1). Erreur capitale qui a été signalée par presque tous les géographes et les astronomes modernes qui se sont livrés à l'étude de l'œuvre de Ptolémée !

En ce qui concerne la réduction des distances cependant, Ptolémée a trouvé des défenseurs. Une protestation éloquente s'est élevée notamment en ces derniers temps. M. Berlioux n'admet pas que Ptolémée se soit trompé ainsi sur la grandeur du degré. Pour les calculs de longitude, le géographe d'Alexandrie n'aurait pas fait le degré trop petit d'un sixième, et aucune erreur de ce genre ne vicierait ses calculs de distance. Ce qui aurait égaré ses juges, c'est que le géographe d'Alexandrie ne comptait que 500 stades au degré, au lieu d'accepter le chiffre de

ment erronée d'un degré terrestre faite par un de ses prédécesseurs, Posidonius, qui crut pouvoir conclure de son opération, de tous points fautive, que le degré d'un grand cercle terrestre ne comptait que 500 stades. (Vivien de Saint-Martin, *Histoire de la géographie ancienne*. Ptolémée.)

(1) Vivien de Saint-Martin, *Histoire de la géographie ancienne*, p. 200.

600 qui avait été adopté avant lui (1). On sait en effet qu'il y avait plusieurs sortes de stades, et tout tendrait à prouver que Ptolémée s'est servi du stade philétérien, dont la longueur est de 220 mètres 93. (Lelewel, p. XXI.)

En admettant même l'explication du savant professeur de géographie de la Faculté des Lettres de Lyon, les erreurs dues à la méthode de Ptolémée n'en sont pas moins considérables. En ce qui concerne les dimensions de la Méditerranée, bien connues cependant d'Érathostène et de Strabon, Ptolémée aurait ajouté, d'après M. Vivien de Saint-Martin, trois cents lieues à la longueur de cette mer. Mille lieues sont ajoutées à la longueur réelle du continent. « Dans l'œuvre de Ptolémée, dit même M. Vivien de Saint-Martin, pas un chiffre en longitude et en latitude qui ne soit faux. Des positions qui se répètent dans des itinéraires différents et qui sont marqués séparément sur les tables et sur les cartes, sans que l'auteur se soit aperçu du double emploi ; des localités voisines qui se trouvent jetées à de grandes distances, ou des localités éloignées qui se touchent; des séries de noms qui courent parallèlement quand les lignes qu'ils représentent devraient se croiser, ou réciproquement; des itinéraires qui traversent un même pays qui ne sont pas placés dans leur position relative; des itinéraires intérieurs qui ne sont pas même en rapport avec les positions littorales; en un mot, une étrange accumulation d'erreurs de toute sorte, un véritable chaos où il est souvent impossible de ramener un peu de lumière : telle est l'œuvre de Ptolémée au point de vue de la détermination des notations en lon-

(1) *La première école de géographie astronomique,* par M. Berlioux, p. 15.

gitude et en latitude. On trouverait difficilement dans l'histoire des sciences un second exemple d'une pareille aberration (1). »

Ceux qui, comme M. Berlioux, ne sauraient s'associer aux conclusions de M. Vivien de Saint-Martin, n'en reconnaîtront pas moins que l'œuvre astronomique de Ptolémée est entachée d'un grand nombre d'erreurs. Or, c'est précisément dans le livre IV, contenant la description de la Libye, que ces erreurs se trouvent réunies plus nombreuses et plus considérables. Dans les Tables de Ptolémée, le pays montagneux d'Agysimba, au midi de la Phazanie, où pénétrèrent les armes romaines en l'an 86 de notre ère, se trouve être situé au 16e degré de latitude australe. Or, on s'accorde aujourd'hui à reconnaître que le pays d'Agysimba n'est autre que l'oasis d'Aazen, au midi de Fezzan, qui est situé entre le 17e et le 19e degré de latitude nord. Différence d'évaluation : 2,800 kilomètres.

En ce qui concerne la province d'Afrique proprement dite, Ptolémée n'a tenu aucun compte de la latitude différente de toutes les localités qui s'échelonnent du midi de Tacape jusqu'au nord de Carthage. Au lieu d'être situées sur des parallèles distants, Carthage et Tacape sont indiquées comme ayant sensiblement la même latitude. Par contre, au lieu d'être représentées comme étant situées sur le même méridien ou sur un méridien peu différent, Carthage et Tacape, comprises entre le 35e et le 39e degré de longitude, sont séparées par 4°,30 de longitude. Toutes les autres localités de l'Afrique ont été englobées dans la même erreur. Celles qui doivent se trouver sur le même

(1) Vivien de Saint-Martin, *Histoire de la géographie ancienne*, p. 201.

parallèle ont été reportées sur le même méridien et sont situées sur des parallèles différents. La carte de la province romaine subit de ce chef un bouleversement total

Cependant, en présence du chaos présenté par la carte africaine, il faut toujours se rappeler que le géographe d'Alexandrie a eu comme point de départ, pour dresser la carte astronomique, des données géographiques positives. Dans l'œuvre de Ptolémée, il y a deux choses absolument distinctes, les matériaux et le parti que l'auteur en a tiré. A la vérité, en une foule de cas, la mise en œuvre a dénaturé ces matériaux de la manière la plus triste, mais le répertoire où sont contenus ces matériaux n'en reste pas moins, et ce répertoire est d'une inappréciable valeur.

Déjà d'ailleurs, une critique à la fois pénétrante et judicieuse a réussi à restituer à leur forme première les matériaux dénaturés du géographe d'Alexandrie. Ceux qui, dans l'étude des tables ptoléméennes, ont suivi la saine méthode, c'est-à-dire ont tenu les yeux constamment fixés sur les données géographiques, et n'ont accordé aux notations astronomiques qu'une confiance pleine de réserves, ceux-là sont parvenus à démontrer que sur bien des régions Ptolémée avait des idées géographiques justes et nettes qu'on ne lui soupçonnait guère. Les diverses rectifications qu'ils ont ainsi pu établir, ont laissé espérer à plusieurs que diverses parties de l'œuvre de Ptolémée pourraient être encore l'objet d'éclaircissements pareils. Ici même, nous allons montrer que ces dernières prévisions étaient justifiées. L'étude de la province d'Afrique va nous faire voir à quels résultats on peut aboutir quand on consulte le répertoire de Ptolémée avec prudence, et qu'on est en pleine possession des indications géographiques de la région décrite. Malgré l'unanimité des assertions contraires, la carte astronomique de Ptolémée, même avec toutes les erreurs qu'elle contient, n'en reproduit pas moins dans ses grandes lignes l'ensemble du système hydrographique et la physionomie générale de la région.

La carte de l'Afrique, telle que nous l'a dressée Ptolémée, est démesurément grandie dans ses dimensions, précisément par le fait de cette erreur étrange qui a reporté sur des longitudes différentes le même méridien. Le parcours des fleuves, l'étendue de leur bassin sont accrus d'une manière excessive. Le fleuve Bagrada, qui n'a certainement pas plus de 400 kilomètres en réalité, est représenté sur la carte astronomique avec une étendue triple de sa longueur réelle. Le mont Ousaleton est grandi dans de pareilles proportions; et là est la vraie explication de ces dimensions exagérées qui ont séduit certains, et les ont engagés à confondre l'Ousaleton soit avec une chaîne de montagnes de la Tunisie méridionale, soit même avec l'Aurès.

Mais qu'on fasse abstraction de cette erreur qui entache la carte d'une manière générale, tout en respectant les grandes lignes du pays, qu'on examine les divers bassins hydrographiques de la province d'Afrique, qu'on rapproche ces divers bassins de ceux qui sont figurés aujourd'hui sur la carte de la Tunisie, telle que viennent de nous la donner les études de nos brigades topographiques; qu'y voit-on? Sur la carte ancienne de Ptolémée, trois fleuves aboutissent à la Méditerranée; sur le troisième d'entre eux (le plus méridional) s'échelonnent trois lacs, et en arrière d'eux l'on voit deux grands lacs situés à l'intérieur et ne communiquant pas avec la mer. Sur la carte mo-

Carte d'ensemble
de la partie orientale de l'Algérie,
de la Tunisie et d'une portion
de la Tripolitaine actuelles,
par Kiepert
corrigée pour la Tunisie Centrale
par le Dr. Rouire.

Challamel Ainé, Editeur. Paris.

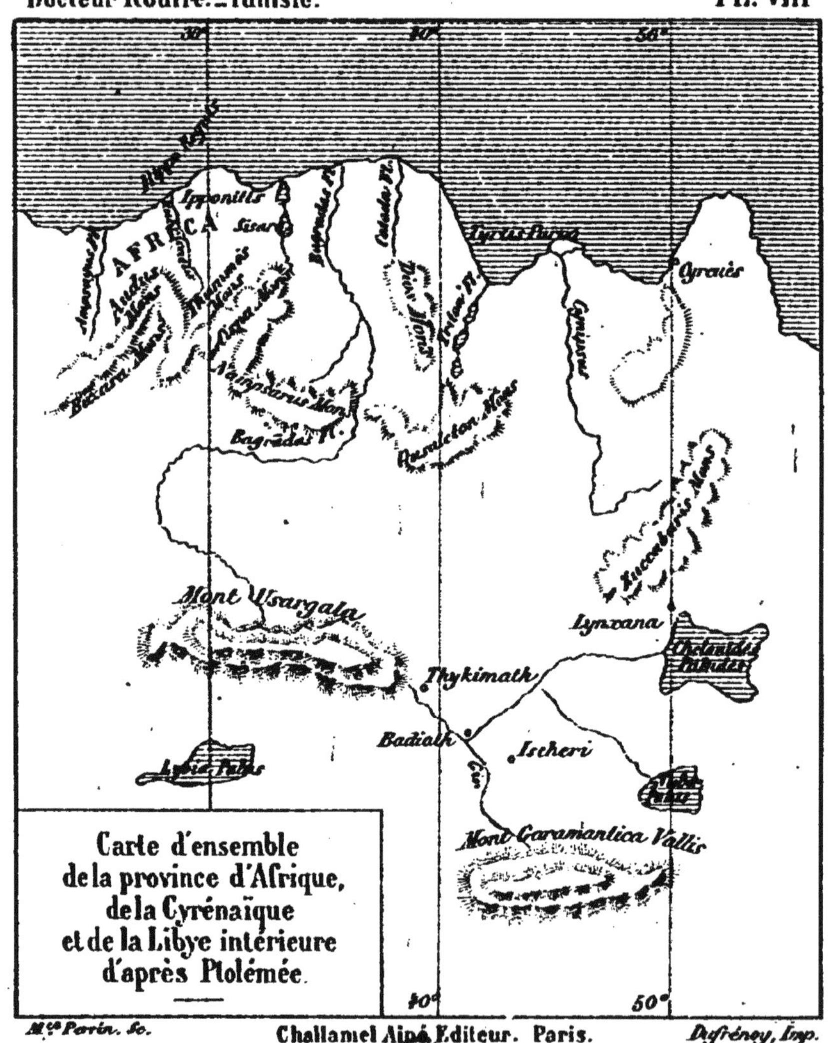
30°
40°
50°
AFRICA
Ipponitis
Syrtis Parva
Bagradas Fl.
Nampsarus Mons
Mont Usargala
Lynxana
Chelonides Paludes
Thykimath
Badiath
Ischeri
Lybia Palus
Mont Garamantica Vallis
40°
50°
Carte d'ensemble
de la province d'Afrique,
de la Cyrénaïque
et de la Libye intérieure
d'après Ptolémée
M.lle Perrin. Sc.
Challamel Ainé Editeur. Paris.
Dufrénoy, Imp.

derne également, trois fleuves apparaissent, aboutissant à la mer ; sur le troisième d'entre eux (le plus méridional) sont situés trois lacs, et enfin plus au sud se dessine la ligne des chotts. Au fleuve Bagradas correspond la Medjerdah ; au fleuve Catada qui vient du mont Dios, l'oued Melian qui vient du mont Djoujar (mons Jovis) ; au fleuve Triton qui vient de l'Ousaleton, le Bagla qui vient de l'Ousselet. Aux trois lacs de Pallas, de Libye et de Triton, qui sont situés sur le parcours du fleuve Triton, les trois lacs qui sont situés sur le parcours du Bagla. Enfin, aux deux grands lacs de Nouta et de Chelonides, qui se trouvent dans l'intérieur des terres et ne communiquent pas avec la mer, correspondent les deux chotts Djerid et Melrhir, qui, à l'époque de Ptolémée, ne communiquaient pas plus qu'aujourd'hui avec la mer, et que pour ce motif le géographe d'Alexandrie mentionne avec raison dans la Libye intérieure (1).

Ainsi, la carte astronomique étudiée dans ses grandes lignes montre, elle aussi, que Ptolémée a voulu indiquer sous le nom de Triton le Bagla actuel, et sous le nom de lac de Pallas, de Libye et de Triton, les trois lacs ou sebkhas de Bagla, de Kelbiah et Halk-el-Mengel. Faisons encore une remarque. Les positions relatives données par Ptolémée pour les lacs de Triton, de Pallas et de Libye sont les mêmes que celles des lacs ou sebkhas Bagla, Kelbiah et Halk-el-Mengel. C'est ainsi par exemple, qu'en reliant l'embouchure du fleuve Triton et les centres des lacs, on obtient une ligne brisée semblable à celle qui relierait l'embouchure de l'oued Menfès et les centres des lacs Ba-

(1) Voir carte VII et carte VIII.

gla, Kelbiah et Halk-el-Mengel. Enfin, les distances comprises entre les lacs se retrouvent à peu de chose près dans celles qui séparent les trois lacs situés sur le parcours de l'oued Bagla. Sans doute, les dispositions des villes secondaires ont pu être interverties, des longitudes converties en latitude. Cependant, malgré le nombre et l'énormité des erreurs dont la carte astronomique fourmille, les lignes générales du pays n'en sont pas moins respectées, et le système hydrographique ptoléméen se trouve exactement reproduire le système hydrographique tunisien actuel.

CHAPITRE VII.

DE LA PLACE OCCUPÉE PAR LE SYSTÈME HYDROGRAPHIQUE DES CHOTTS DANS LA GÉOGRAPHIE DE PTOLÉMÉE.

La solution de la question du Triton va enfin nous livrer, et par surcroît, la clef de tout le système hydrographique de la province d'Afrique. Jusqu'ici, ce système, tel que nous l'a indiqué Ptolémée, a fait le désespoir de tous ceux qui ont voulu chercher à l'approfondir. « Essayer de faire « correspondre à l'Afrique que nous connaissons la Libye « que Ptolémée prétendait connaître, dit M. Tissot, c'est « entreprendre la tâche la plus ardue et la plus ingrate. « Il est fort difficile, pour ne pas dire impossible, d'appli- « quer au terrain toutes les indications de Ptolémée. On « ne peut se guider en effet ni sur ses notations astrono- « miques, entachées d'erreurs énormes, ni sur son sys- « tème hydrographique, dont les impossibilités sont évi- « dentes. Aucun des commentateurs qui a abordé cette « tâche n'a pu y réussir sans mettre de côté, comme inad- « missibles, quelques-unes des données du géographe « alexandrin, et, même dans ces conditions, les résultats « obtenus, toujours incertains en eux-mêmes, sont fort « différents suivant que l'on adopte ou que l'on rejette « telle ou telle de ces indications dont l'ensemble est évi- « demment inacceptable (1). » Et plus loin : « Nous

(1) Tissot, *Géographie comparée*, p. 27.

« croyons donc qu'il est inutile d'essayer de retrouver « dans les détails de la topographie actuelle tous les ac- « cidents de la topographie antique. Sur un terrain aussi « mouvant, le plus sage est de renoncer à tout préci- « ser (1). »

La géographie comparée de la province romaine n'était une énigme, que parce que l'on supprimait sur le terrain un vaste bassin hydrographique presque aussi vaste que celui du Bagradas. De ce que l'Europe a ignoré son existence jusqu'à la fin du dix-neuvième siècle, il ne faut pas en conclure que les Grecs, qui faisaient un commerce de cabotage très actif le long de la côte, n'aient pas eu connaissance de la grande lagune située au fond du golfe de Hammamet; que les Romains, maîtres des pays depuis la chute de Carthage, n'aient pas su que de Tebessa descendait vers la mer l'un des deux principaux fleuves de la province conquise. Toute cette contrée d'ailleurs, à droite et à gauche du Bagla, était, à la fin du deuxième siècle, couverte de leurs colonies, que Pline et Ptolémée énumèrent.

De toute nécessité, le fleuve récemment découvert dans la Tunisie centrale devait occuper sa place dans la nomenclature géographique ancienne. Faisant l'énumération des fleuves de la province d'Afrique, Ptolémée cite les trois fleuves du Bagradas, du Catada et de Triton, puis il cite un fleuve qui traverse la Libye intérieure, le Ghir. D'autre part, les cartes de Tunisie, telles qu'elles étaient dressées il y a trois ans à peine, ne faisaient mention que de deux fleuves en Tunisie, la Medjerdah et l'oued Mélian, auxquels succédait au sud le bassin des chotts. Ceux donc qui, avec

(1) Tissot, *Géographie comparée*, p. 99.

ces connaissances incomplètes, tentaient d'exposer l'assimilation du Triton et du bassin des chotts, se trouvaient soit avec un fleuve en trop dans la géographie de Ptolémée, soit avec un fleuve en moins dans le système hydrographique général de Tunisie. De là, la nécessité pour eux ou de faire du Ghir et du Triton le même fleuve, ou de ne tenir aucun compte des données de Ptolémée sur le Ghir, auquel ils ne pouvaient trouver de place dans l'hydrographie tunisienne, telle qu'on la concevait alors. Tous les efforts des commentateurs ont donc tendu soit à faire disparaître du texte de Ptolémée un bassin hydrographique, soit à confondre en un seul deux fleuves du continent libyen.

Quelques-uns parmi ceux qui ont assimilé le Triton à l'oued Djeddi, ne se sont pas aperçus que le fleuve Ghir de Ptolémée restait ainsi en l'air sans aucune assimilation possible avec un fleuve quelconque de Tunisie ou du Sahara septentrional. De même, quelques-uns de ceux qui avaient assimilé le fleuve Ghir au Djeddi, et qui n'en demeuraient pas moins partisans de la théorie qui identifiait le Djeddi au Triton, ne se sont pas inquiétés du double emploi que créait ainsi leur assimilation. Mais cette nouvelle et grosse difficulté ne pouvait échapper à l'esprit perspicace de l'auteur de la *Géographie comparée de la province d'Afrique.*

Après avoir exposé les diverses théories qui avaient eu pour but d'assimiler le bassin des chotts au fleuve Ghir, et avoir comparé les deux cartes, celle de la Tunisie qu'il avait sous les yeux, et la carte ptoléméenne correspondante, M. Tissot ajoutait : « On ne fait pas coïncider deux « cartes dissemblables, pas plus qu'on ne peut retrouver, « dans de véritables bassins hydrographiques scientifique-

« ment déterminés, ces fleuves que les renseignements « indigènes faisaient passer d'un bassin à l'autre, sans te- « nir compte des limites infranchissables de ces bassins... « *Dans chacune des interprétations qu'on a données de l'hy- « drographie saharienne de Ptolémée, on a été forcément con- « duit à en retrouver une partie dans la grande ligne des « chotts.* Or, c'est précisément dans cette région que le « géographe d'Alexandrie, en décrivant au chapitre pré- « cédent l'hydrographie, moins hypothétique, de la pro- « vince romaine, a placé le fleuve Triton et les trois lacs « qu'il forme avant de se jeter dans la Petite Syrte, le « lac de Libye, le lac de Pallas et le lac Tritonitis. Cette « mention d'un second fleuve évidemment identique à « une partie du Ghir et d'un second lac de Libye, placé « à peu près dans la même région, est une nouvelle « preuve du vague et de l'inexactitude des indications de « Ptolémée. Ici encore nous constatons ce dédoublement « d'une seule et même localité géographique. »

Mais quelqu'un qui, à cette époque, eût pu prendre connaissance des cartes de Tunisie telles qu'elles viennent de sortir du Dépôt de la guerre, n'eût pu tenir un pareil langage. En comparant la carte de Tunisie actuelle et la carte ptoléméenne, il eût pu voir que ces deux cartes présentaient, dans leur ensemble, un système hydrographique absolument semblable (1). Il eût pu s'assurer qu'aux quatre bassins hydrographiques tunisiens actuels correspondent quatre bassins hydrographiques ptoléméens, la Medjerdah au Bagradas, le Mélian au Catada, le Bagla au Triton et l'oued Djeddi au Ghir. Alors, il eût remarqué que, pas plus au point de vue géographique qu'au point de vue astrono-

(1) Voir carte VII et carte VIII.

mique, le géographe grec n'avait commis, au sujet des fleuves de la province romaine, une telle confusion, que, dans ces Tables, le Triton et le Ghir sont parfaitement distincts.

Les renseignements que Ptolémée nous donne sur le Ghir sont les suivants (ils ont été consignés à la Table IV, consacrée à la Libye intérieure) :

Ποταμοὶ δὲ ἐν τῷ μεσογείῳ μέγιστοι, ὅτε τε Γεὶρ ποταμὸς, ὁ ἐπιζευγνύων τό τε Οὐσάργαλα ὄρος καὶ τὴν φάραγγα τὴν Γαραμαντικὴν, ἀφ' οὗ ὁ ἐκτραπεὶς ποταμὸς ἐπέχει κατὰ θέσιν μοίρας μβ', ις'..................	Deux fleuves coulent en son milieu (de la Libye intérieure). C'est d'abord le Ghir, qui joint le mont Usargala à la gorge Garamantique et dont un des embranchements situé par 42° de longitude et 16 degrés de latitude...
ὅστις ποιεῖ τὰς χελωνίδας λίμνας ὧν τὸ μέσον ἐπέχει μοίρας μθ' κ',..... [ὃς] καὶ διαλιπὼν καὶ, ὥς φασιν, ὑπὸ γῆν ἐνεχθεὶς, ἀναδίδωσιν ἕτερον ποταμὸν, οὗ τὸ μὲν δυσμικὸν πέρας ἐπέχει μοίρας μϛ', ις'.................	Et va former les lacs des Tortues dont le milieu est par 49° de longitude et 20° de latitude..... Le Gir se perdant alors et, dit-on, caché sous terre, reparaît comme un autre fleuve dont l'extrémité occidentale est par 46° de longitude et 16° de latitude ....
τὸ δὲ ἀνατολικὸν τοῦ ποτάμου ποιεῖ τὴν Νοῦβα (ἢ Νοῦθα) λίμνην ἧς θέσις ν', ιε' (1).	tandis que l'extrémité orientale forme le lac Nouba (ou Nouta), par 50° de longitude et 15° de latitude (1).

D'après ces données, le fleuve Ghir est un fleuve de la Libye intérieure qui naît au mont Usargala. Il a divers embranchements sur lesquels se trouvent deux lacs, les lacs des Tortues et le lac Nouba ou Nouta. C'est un fleuve dont le cours, à un certain point, se trouve interrompu.

(1) Ptolémée, IV, 6, § 13.

Qu'on rapproche ces données sur le Ghir des données de Ptolémée sur le Triton, et l'on verra que le Ghir et le Triton sont deux fleuves dont la géographie est absolument dissemblable.

Le fleuve Triton est un fleuve qui prend sa source au mont Ousaleton.

Le fleuve Triton est un fleuve continu, sans interruption dans son parcours.

Sur le cours du Triton aucun embranchement n'est cité.

Le fleuve Triton voit trois lacs s'échelonner sur son parcours, et ces lacs s'appellent lacs de Pallas, de Libye et de Triton.

Le Triton est situé dans la province d'Afrique.

Le Triton se jette dans la mer.

Le fleuve Ghir est un fleuve qui prend sa source au mont Usargala.

Le fleuve Ghir est un fleuve dont le cours se trouve interrompu.

Le Ghir est formé de la réunion de quatre embranchements.

Le fleuve Ghir a deux lacs situés sur ses embranchements, et ces lacs s'appellent lacs Chélonides ou des Tortues et lac de Nouba ou de Nouta.

Le Ghir est situé dans la Libye intérieure.

Le Ghir finit au lac Nouba.

Tous les deux ont enfin une longitude et une latitude différentes.

Le Triton et le Ghir n'ayant rien de commun et étant dissemblables en tout, sont donc deux fleuves différents.

Cette distinction établie, il devient possible d'appliquer au terrain toutes les indications de Ptolémée, non seulement celles qui concernent le système hydrographique de la province d'Afrique, mais encore celles qui concernent le système hydrographique de la Libye intérieure, sinon dans tous leurs détails, du moins dans leur ensemble.

Nous avons vu qu'aux trois fleuves de la province d'Afrique, le Bagradas, le Catada, le Triton, correspondent la Medjerdah, le Mélian, le Bagla. Dans la Libye intérieure Ptolémée, mentionne deux autres fleuves, le Ghir et le Nigris; le Ghir étant le fleuve oriental, et le Nigris le fleuve situé à l'ouest.

La portion nord du Sahara qui s'avance d'un côté jusqu'à Gabès, de l'autre côté jusqu'aux contre-forts du grand Atlas, est regardée comme correspondant à la Libye intérieure, qui s'étendait au sud de la Numidie et de l'Afrique propre, depuis le cours de l'oued Djeddi jusqu'à Tacape. Toute cette partie du Sahara appartient, elle aussi, à deux grands bassins hydrographiques : l'un occidental, le Ghir, au midi du Maroc; l'autre oriental, le Djeddi, au midi de l'Algérie.

Les caractères généraux des deux grands bassins sahariens se retrouvent dans les descriptions de Ptolémée. Au Nigris correspond le Ghir marocain, au Ghir le bassin de l'oued Djeddi. Nous n'avons pas ici à faire un examen détaillé des données ptoléméennes sur le Nigris, et à essayer d'adapter ces données à la géographie particulière du Ghir marocain. Nous ne nous arrêterons pas non plus à discuter les opinions émises à ce sujet par MM. Vivien de Saint-Martin, Duveyrier et Ragot, dont les trois solutions peuvent traduire, plus ou moins heureusement, le système hydrographique du Sahara occidental tel que le concevait la science romaine au deuxième siècle de notre ère. Notre tâche doit se borner à faire ressortir la concordance des renseignements contenus dans le livre IV sur le Ghir avec les indications topographiques de la Tunisie méridionale.

Le bassin de l'oued Djeddi est constitué par une immense cuvette limitée au nord par l'Atlas, au midi par le puissant massif de l'Ahaggar. A l'ouest, la ligne de partage des eaux commence près de Laghouat, suit le plateau du Mzab, embrasse le bassin de l'oued Mya, traverse le plateau d'El-Goléah et des Chamba, arrive au massif des Touareg, et remonte jusqu'au djebel Ahaggar. Elle se dirige ensuite vers le sud-est par les crêtes de Tassili et de l'Adrar, pour atteindre les plateaux de la Tripolitaine (1).

Les points les plus bas de cette immense cuvette, qui ne mesure pas moins de 160,000 kilomètres carrés environ, sont occupés par la ligne des chotts, Melghig-Rharsa, Djerid, vastes dépressions dont la surface couvre environ 15,000 kilomètres carrés, et vers lesquelles viennent converger les oueds qui descendent soit de l'Atlas, soit de l'Ahaggar. Les principaux d'entre eux se perdent dans le chott Melghig. A ce chott, l'Ighargar, dont le large lit a plus de 1,000 kilomètres de longueur, apporte toutes les eaux de la partie nord-ouest du Sahara, l'oued Djeddi les eaux d'une partie sud de l'Atlas, et l'oued Biskra celles qui viennent du versant sud de l'Aurès. Le reste des eaux de l'Atlas tunisien est apporté au chott Rharsa par l'oued Tarfaoui.

Le Ghir, avons-nous dit, est formé de la réunion de quatre embranchements.

Le premier embranchement, qui prend sa source au mont Usargala, est l'oued Biskra. Sur ce point, je suis d'accord avec M. Ragot, auquel cette identification paraît résulter :

1° Du fait que dans la pensée évidente de Ptolémée cet embranchement descend de l'Aurès en coulant au sud-

(1) Ragot, *Le Sahara et la province de Constantine.*

est, et en laissant sur sa droite le Nigir (le Ghir Marocain);

2° De l'existence sur les bords de ce même embranchement des deux villes d'Iskeri et de Badiath, incontestablement idendiques à Biskra et à Badis, située, sur l'oued Biskra ou sur son prolongement;

3° De la connexion établie par Ptolémée entre cet embranchement et les trois autres.

Nous pouvons ajouter en outre, que Ptolémée place également Lynxama à l'ouest d'Iskeri et que le nom et la position de Lyana, qui était encore au temps de Shaw le plus riche des villages au nord des chotts Melghig, correspond au nom et à la position de l'ancienne Lynxama.

Le second embranchement du Ghir de Ptolémée descendant de la gorge Garamantique du sud au nord, est représenté par le lit de l'Ighargar jusqu'à l'oasis de Goug, puis, à partir de ce dernier point, par l'oued Righ dont le thalweg continue celui de l'Ighargar.

Le troisième embranchement qui se détache du second au sud d'Iskeri et va, dans la direction du nord-est, se terminer au lac des Tortues, est l'oued Djiddi.

Quant au quatrième embranchement dont l'extrémité va former le lac Nuba, on pourrait en retrouver le cours oriental dans l'oued Tarfaoui, qui, prenant sa source au nord de Fériana, va se jeter dans le chott Rharsa, après avoir arrosé, sous le nom d'oued Batech, l'oasis de Gafsa.

Enfin, le lac Nouba ou Nouta est le chott Rharsa, comme les lacs des Tortues sont le groupe de chotts qu'on appelle aujourd'hui le chott Melghig.

Le rapprochement de noms qui existe entre Nouta et Nefta mérite d'être signalé au même titre que le rapprochement existant entre les mots Oussaleton et Ousselet.

Nefta est une ville fort ancienne, et paraît avoir porté le même nom depuis sa fondation. Les Arabes lui donnent pour premier maître Kostel, fils de Sem, fils de Noé. Dans les chroniques relatives aux premiers temps du Djerid qui se trouvent dans la grande mosquée de Nefta, serait contenue la légende suivante :

« Nefta est une ville très ancienne, qui était autrefois « au pouvoir des rois du Maghreb (occident). Ses habi- « tants avant l'islam étaient barbares.

« Le fondateur de Nefta fut Kostel, fils de Sem, fils de « Noé, qui lui donna le nom de Nefta, qui s'applique à « l'ensemble des régions comprenant le Djerid, parce « que ce fut là que les eaux bouillonnèrent pour la pre- « mière fois après le déluge. Après Kostel, fils de Sem, « fils de Noé, Nefta devint possession héréditaire de diffé- « rents rois (1). »

Nefta existait donc à l'époque romaine, et l'on comprendra très bien que, par sa situation géographique entre ces deux chotts Rharsa et Djerid, elle ait pu donner son nom à l'une ou à l'autre de ces deux grandes dépressions du sol. Le lac de Nouta recevant un embranchement du Ghir, et le chott Rharsa recevant l'oued Tarfaoui, tandis que le chott Djerid ne recueille aucune rivière importante, il est très probable que c'est le chott Rharsa qui, à l'époque de Ptolémée, était désigné sous le nom de lac de Nouta.

(1) Légende recueillie par le colonel Roudaire, *Nouvelle Revue*, 1er mai 1884.

CHAPITRE VIII.

DU SYSTÈME OROGRAPHIQUE DE LA LIBYE D'APRÈS LES INDICATIONS DE PTOLÉMÉE.

Non moins que le système hydrographique, le système orographique de Ptolémée a offert à la critique des difficultés inextricables. Ceux qui ont essayé de retrouver, sur le sol tunisien actuel, les montagnes de la province d'Afrique énumérées dans les tables ptoléméennes, ont déclaré se trouver en présence de données absolument contradictoires. A deux ou trois exceptions près, il a même paru impossible de répartir ces montagnes dans l'une ou l'autre des deux grandes chaînes de l'Atlas, la chaîne saharienne et la chaîne tellienne. Aussi n'est-ce que sous le bénéfice de réserves très fortement exprimées, que jusqu'ici l'étude des différents massifs ptoléméens a été abordée.

De même que la solution de l'énigme tritonienne nous a livré la clef du système hydrographique ptoléméen, de même la solution du problème de l'hydrographie de la province romaine va nous permettre d'éclaircir presque toutes les difficultés que la critique moderne a trouvées devant elles accumulées, dès qu'elle a voulu déterminer la correspondance des montagnes anciennes décrites dans les Tables et des montagnes actuelles de la Tunisie.

La méthode est toujours celle que nous avons adoptée pour l'éclaircissement des problèmes du Triton et de l'hydrographie ptoléméenne. Mettre au premier plan les données géographiques contenues dans les Tables, au second les notations astronomiques, c'est-à-dire, pour le problème particulier qui nous occupe ici, tenir grand compte des indications du système hydrographique, pour arriver à déterminer la position de certaines montagnes maîtresses où les fleuves prennent leur source; puis, ces montagnes déterminées, étudier la position relative assignée par Ptolémée aux autres montagnes de la province romaine d'Afrique, et fixer enfin la correspondance de ces montagnes avec les montagnes du système orographique tunisien actuel.

Les montagnes que Ptolémée énumère comme appartenant soit à la province d'Afrique, soit à la Libye intérieure, soit à la Tripolitaine, sont en somme fort peu nombreuses. Ce sont :

1° le Vasaletus,
2° le Mampsarus,
3° l'Usargala,
4° le Thammès,
5° l'Audus,
6° le Buzara,
7° le Cirna,
8° le Jovis,
9° le Giglius,
10° le Thizibius, et
11° le Zuchabbari (1). Parmi ces montagnes, les trois

(1) Voir la carte VII.

dernières, dont l'emplacement d'ailleurs a pu être assez exactement fixé, sont situées en Tripolitaine; les autres, d'une adaptation jugée jusqu'ici beaucoup plus difficile, sont celles qui appartiennent à la province d'Afrique et à la Libye intérieure.

1° Nous connaissons dès maintenant la position du Vasaletus, où se trouve la source mère du Triton. C'est le mont Ousselet avec ou sans l'adjonction des montagnes situées en arrière du massif montagneux actuel. Les sources assignées par Ptolémée au Bagradas vont nous permettre de retrouver le Mampsarus et l'Usargala.

2° et 3° Dans le texte de Ptolémée, le fleuve Bagradas a une double origine, l'une au mont Mampsarus, l'autre au mont Usargala. « Il ne s'agit pas ici (1), fait excellemment « remarquer M. Tissot, d'une seule et même source pla- « cée tout à la fois dans le Tell et dans le Sahara, mais « bien de deux sources appartenant à deux massifs dif- « férents : le Mampsarus, situé dans la province d'Afrique, « et l'Usargala, indiqué beaucoup plus au sud dans la « région intérieure. Les renseignements consignés dans « les Tables de Ptolémée s'appliquent aux deux grands « cours d'eau dont la réunion forme la Medjerdah infé- « rieure. L'une de ces rivières coulant de l'ouest à l'est « a longtemps porté le nom d'Hamise sur nos cartes; « elle prend sa source dans le massif de Khemissa, c'est « la Medjerdah actuelle; l'autre est l'oued Mellègue, qui « descend du plateau de Tebessa. Le Mampsarus est « ainsi le djebel Khemissa, et l'Usargala se retrouve dans « le versant septentrional de l'Aurès rattaché au plateau « de Tebessa par le djebel Osmor. »

(1) Tissot, *Géographie comparée*, p. 21.

Mais l'Usargala n'est pas seulement le massif où le fleuve Bagradas a sa source, c'est aussi la montagne où prend naissance un embranchement du Ghir. Avec M. Ragot, nous avons précédemment admis que l'embranchement du Ghir signalé comme descendant de l'Usargala est l'oued Biskra. Or, l'oued Biskra descend également de l'Aurès.

Troisième indication enfin, Ptolémée signale comme descendant encore de l'Usargala une troisième rivière. Cette troisième rivière est un des nombreux embranchements du Nigir. Le Nigir, avons-nous dit, est le fleuve du bassin occidental du nord du Sahara, le Ghir marocain.

A la vérité, sur la carte de la Berbérie, toutes les rivières descendant du versant méridional de l'Aurès vont se jeter dans le Melghig. Ce n'est que plus à l'ouest sur le prolongement de la chaîne du grand Atlas dans le djebel Ahmour, que les cours d'eau faisant partie du bassin occidental du Sahara apparaissent. Mais toute difficulté disparaît, si l'on étend le nom d'Usargala à l'ensemble du massif montagneux situé au midi de la province de Constantine jusqu'au djebel Ahmour. Telle est d'ailleurs l'opinion de M. Vivien de Saint-Martin, de Ragot et de presque tous ceux qui se sont occupés de la synonymie de l'Usargala.

4° Passons au mont Thammès. Le Thammès est la montagne où Ptolémée place les sources du Rubricatus. « En « se guidant d'après cette dernière indication, dit M. Tis- « sot, on est amené à considérer le Thammès comme fai- « sant partie de la chaîne méditerranéenne (1). » C'est

(1) Tissot, *Géographie comparée : Hydrographie et orographie*, ch. XI.

d'ailleurs ce qu'ont fait Mannert et la plupart des géographes (1). Mais Mannert, en confondant à tort le Rubricatus et la Seybouse, a identifié le Thammès à la chaîne tellienne que traversait la route de Carthage à Cirta. Le Rubricatus antique est l'oued Mafragh actuel, dont le cours supérieur porte le nom d'oued El Kébir. Cet oued prenant sa source dans le djebel Mahbouba, au nord de Souk-Ahras (Thagaste), cette montagne doit être considérée comme le Thammès antique.

5° et 6° Les positions du Buzara et de l'Audus sont liées dans la géographie de Ptolémée à la position du Thammès. Les Tables indiquent en effet le Thammès à l'est-nord-est du Buzara et au sud-est de l'Audus, et l'Audus à l'est du Buzara et à un degré et demi plus au nord.

M. Tissot admet que le Buzara pourrait bien être le prolongement est du massif du Magris au sud de Djemelia (Cucul). « Le Magris, en effet, fait-il remarquer (2), appar-
« tient à la Mauritanie sitifienne, et son extrémité orien-
« tale, qui présente à hauteur de Djemelia une altitude de
« 1,448 mètres, est comprise dans les limites de la pro-
« vince d'Afrique dont Cucul faisait partie. »

La détermination de l'Audus est, à son tour, liée à celle du Buzara. Si l'on identifie le Buzara au prolongement du Magris, l'Audus correspond au djebel Msider-Aïcha, qui occupe l'angle formé par l'oued El Kébir et la route de Constantine à Philippeville. Le Msider-Aïcha se trouve en effet, par rapport au prolongement du Magris, dans la position que Ptolémée assigne à l'Audus par rapport à

(1) Mannert, *Géographie comparée des États Barbaresques.*
(2) Tissot, *Géographie comparée*, p. 15.

l'extrémité orientale du Buzara. Remarquons en outre que Ptolémée place sur le littoral immédiatement à l'ouest d'Igilgilis un *Audus* ποτάμος, fleuve Audus, qu'il fait déboucher dans le golfe de Numidie, et l'on sera bien tenté d'établir un rapport entre ce fleuve Audus et l'*Audus mons*, et de voir, dans ce dernier, une montagne appartenant au petit Atlas.

7° Le Cirna (τὸ καλούμενον Κίρνα ὄρος) est placé par Ptolémée au nord-ouest de Thammès. A elle seule, cette indication devrait engager à chercher la position du Cirna dans le petit Atlas, mais les détails topographiques qui suivent ne laissent aucun doute à cet égard. En effet, du mont Cirna, d'après Ptolémée, naissent les deux lacs Sisara et Hipponitis « qui communiquent l'un avec l'autre. » Or, la λίμνη Ἱππωνῖτις est le lac de Bizerte, et la λίμνη Σισάρα le lac de Mateur. Lac de Mateur et lac de Bizerte communiquent par une rivière qu'on appelle oued Djoumin. Le mont Cirna ne peut donc être que la chaîne s'étendant au sud et au sud-ouest du lac de Mateur, et l'un des sommets de cette chaîne, le Bou Kérin, qui donne naissance à l'oued Djoumin, semble même rappeler par son nom le Kirna de Ptolémée (1).

8° Le mont Jovis, τὸ καλούμενον Διὸς ὄρος, est non moins facile à retrouver, car, du Jovis sort la source du Catada. C'est donc le massif actuel du Djouzar ou Djougar, dont le nom rappelle celui de Διὸς et dans le voisinage duquel se trouve une des sources maîtresses de l'oued Mélian qui correspond au Catada.

Ainsi se trouve enfin établie la correspondance si long-

(1) Tissot, *Géographie comparée*, p. 24. (Voir toujours carte VII.)

temps cherchée des massifs ptoléméens et des montagnes tunisiennes actuelles. Il a suffi des seules indications hydrographiques contenues dans l'œuvre de Ptolémée pour obtenir ce résultat. Les nouvelles adaptations cependant peuvent se trouver justifiées aussi par une considération d'une bien grande valeur, je veux dire par la disposition générale qu'affecte l'ensemble des massifs sur la carte ptoléméenne.

D'après cette disposition générale, le Buzara, le Thammès, le Mampsarus et le Vasaletus forment une ligne continue allant de l'ouest à l'est. Au midi de cette ligne se trouve l'Usargala, au nord l'Audus et le Cirna, l'Audus se trouvant à l'est et au nord du Buzara et le Cirna au nord-ouest du Thammès. Au midi de la même ligne se trouve figuré l'Usargala, et, le flanquant au nord-est du Vasaletus, le mons Jovis (1).

Qu'on jette maintenant les yeux sur une carte moderne du nord de l'Afrique. A la ligne continue du Buzara, du Thammès, du Mampsarus et du Vasaletus correspond la chaîne tellienne de l'Atlas formée du Magris, du Mahbouba, du Djb. Khrémissa, et terminée par l'Oussalet; à l'Usargala correspond le massif montagneux de la province de Constantine; au Διὸς ὄρος, situé au nord-est de la ligne terminée par le Vasaletus, le Djouzar situé au nord-est de l'Oussalet; à l'Audus et au Cirna enfin, le Msider Aïcha et le Bou-Kérin, le premier situé au nord est, à l'est du Magris, le second au nord-ouest du Mahbouba (2).

Même concordance pour le système hydrographique.

(1) Voir carte VII.
(2) Voir carte VIII.

De l'Usargala et du Mampsarus descendent les sources maîtresses des deux grands affluents du Bagradas. Or, du versant septentrional de l'Aurès et du Djb. Khrémissa naissent la Medjerdah et l'oued Mellègue.

Les deux embranchements du Nigis et du Ghir qui naissent au pied méridional de l'Usargala, ont de même leur analogue dans l'oued Biskra et dans l'oued Messaoud qui descendent du versant méridional de l'Aurès, et dont l'un est un affluent de l'oued Djeddi, et l'autre fait partie du bassin occidental du Sahara. Du Thammès vient le Rubricatus; du Mahbouba, l'oued Mafragh. Au pied du Cirna sont les deux lacs Ἱππωνῖτις et Σισάρα au pied du Djb. Bou-Kérim, les lacs de Bizerte et de Mateur. Non loin du mons Jovis a son origine le Catada, non loin du Djougar sont les sources du Mélian (1).

Enfin, dans le pâté montagneux de l'Ousselet et les montagnes qui le prolongent au sud-est, se trouvent les sources des affluents du Fekka, comme autrefois dans le mont Ousaleton se trouvaient les sources du Triton.

Ainsi est reconnue vraie dans son ensemble et dans ses détails une partie très importante de l'œuvre ptoléméenne.

Il n'y a pas bien longtemps, un ouvrage intitulé *l'Afrique du Nord à l'époque grecque et romaine*, paraissait. Publié par un géographe très connu et très estimé (2), cet ouvrage contenait un jugement sévère pour l'œuvre de l'école d'Alexandrie. D'après la propre expression de M. Berlioux, ce jour-là, Ptolémée voyait ses Tables con-

(1) Voir carte VII et carte VIII.
(2) Vivien de Saint-Martin.

damnées en bloc et livrées à la démolition. Non seulement sa science était déclarée fausse, mais il lui était reproché de commettre de très graves erreurs de faits. En 1884, l'ouvrage de M. Tissot, *la Géographie comparée de la province d'Afrique*, venait confirmer ce jugement. Encore ici, la méthode, les plans et les données géographiques du maître étaient déclarées également inacceptables. Ce n'était d'ailleurs pas seulement au dix-neuvième siècle que les Tables de Ptolémée étaient jugées d'une manière aussi défavorable. Depuis la renaissance, il s'est produit comme une sorte de réaction contre l'œuvre de l'école d'Alexandrie. On dirait que la science moderne a voulu protester ainsi contre l'engouement dont la doctrine du maître a été l'objet au moyen âge de la part des érudits de l'Orient et de l'Occident. Mais la réaction a été trop loin. En ce qui concerne la province d'Afrique et la Libye intérieure, les vues nouvelles que nous venons d'exposer entraînent la réhabilitation des données géographiques contenues dans les Tables. Elles frappent d'appel le jugement porté par la science moderne. Déjà d'ailleurs, en 1878, M. Berlioux avait osé dire que les juges qui ont ruiné l'autorité du géographe alexandrin et aussi celle des anciens géographes, avaient mal étudié son œuvre. Il n'avait pas craint d'affirmer que les anciens historiens, bien loin de mériter le reproche d'ignorance, sont dignes de notre admiration par l'exactitude surprenante de leurs données (1). Nous nous associons pleinement à ces conclusions. Scylax et Hérodote nous ont transmis des détails minutieusement exacts sur la région du Triton. De même Ptolémée. Ces auteurs n'a-

(1) *La Première école de géographie astronomique*, p. 12.

vaient pas été compris, et avaient été victimes d'une erreur judiciaire, d'une injustice involontaire. Nous venons de démontrer cette erreur, de réparer cette injustice.

CHAPITRE IX.

GÉOGRAPHIE COMPARÉE DE LA CYRÉNAÏQUE.

Explication de quatre passages de Callimaque, de Strabon, de Lucain et de Pline, et d'une indication de la Table de Peutinger concernant l'emplacement du lac Triton. Place qu'a occupée le mot Triton dans la nomenclature géographique ancienne.

Les textes de Scylax, d'Hérodote, de Pomponius Mela, de Pline et de Ptolémée, établissent nettement qu'il y eut autrefois un bassin hydrographique nommé le Triton; que ce bassin hydrographique correspond au nouveau bassin de la Tunisie centrale; que le lac Triton enfin était situé au nord, non au sud de la Byzacène. Ces témoignages concordants ne suffiraient pas cependant à dissiper toutes les obscurités accumulées sur la question du Triton. Nous avons vu, en effet, qu'il existait des textes empruntés à Callimaque, à Diodore de Sicile, à Strabon, à Lucain, à la Table de Peutinger, et que ces textes avaient été considérés par divers savants modernes comme se rapportant au lac Triton, au même titre que les textes de Scylax, d'Hérodote, de Mela, de Ptolémée. Ces textes, a-t-on pensé, assignaient au lac Triton un autre emplacement que l'emplacement indiqué par Scylax et les autres précédemment cités. Strabon, Callimaque, Lucain et la table de Peutinger auraient en effet fixé cet emplacement près de Bérénice, dans la Cyrénaïque; et Diodore de Sicile l'aurait relégué même jusqu'aux extrémités de la Mauritanie.

Je ne discuterai pas pour le moment ce qu'il peut y avoir de vrai et de faux dans les renseignements donnés par Diodore de Sicile. Comme l'auteur de la Bibliothèque historique, dans son allusion au lac Triton, se fait surtout l'écho des anciennes légendes fabuleuses, il n'y a lieu d'examiner ces données que lorsqu'on traite des événements dont le lac Triton a été le théâtre, à la période mythique de l'histoire de la Grèce. C'est l'avis unanime des commentateurs. Les passages de Callimaque, de Strabon, de Lucain et de la Table de Peutinger, ont, au contraire, une vraie valeur géographique.

Citons d'abord le passage de Callimaque, le plus ancien des auteurs qui sont cités comme ayant fixé dans la Cyrénaïque le siège du lac Triton. Ce témoignage est contenu dans l'unique vers suivant (1) :

« Sur les eaux du fleuve Triton des Asbystes. »

Or, les Asbystes étant une tribu de la Cyrénaïque, le fleuve Triton, et par conséquent le lac Triton, auraient été indiqués dans ce passage comme étant situés dans le pays des peuples dont il portait le nom, c'est-à-dire dans la Cyrénaïque.

Le passage suivant de Strabon aurait été bien plus explicite encore :

« Il est un promontoire nommé Pseudopénias, sur lequel « se trouve la ville de Bérénice, située près d'un certain « lac Triton. Dans ce lac est une petite île et un temple « de Vénus Aphrodite. Il existe aussi près de Bérénice

(1) Οἵη τε Τρίτωνος ἐφ' ὕδασιν Ἀσβύσταο.

« un port des Hespérides près duquel se jette le fleuve « Lathon (1). »

Lucain aurait admis également cette identité du lac Triton et de la lagune de Bérénice, lorsqu'il fait entrer la flotte romaine battue à Actium dans le lac Triton.

« Le plus grand nombre des vaisseaux, sûrs de leur « route avec des matelots à qui ce rivage est connu, vont « aborder au marais tranquille du Triton..... Non loin « de là serpente le Lethon (2). »

Quant à la Table de Peutinger, elle figurerait le lac Triton toujours non loin de Bérénice.

Ces quatre passages ont singulièrement embarrassé les archéologues qui se sont livrés à l'étude de la géographie comparée de l'Afrique, et qui ont fait de cette question si complète du Triton l'objet de leurs dissertations. En effet, si l'emplacement du grand lac Triton ne doit pas être cherché ailleurs que dans la Byzacène, que penser des affirmations de Callimaque, de Strabon, de Lucain et des indications de la Table de Peutinger?

Tous les commentateurs qui ont voulu aborder ce côté épineux du problème sont partis de ce point de vue, que les données de Callimaque, de Strabon, de Lucain et de Peutinger, étaient en contradiction absolue avec celles de Scylax, d'Hérodote, de Pomponius Mela et de Ptolémée. Aussi n'ont-ils eu d'autre ressource que de ranger dans deux camps les auteurs qui ont parlé du lac Triton antique, d'opposer ces deux camps l'un à l'autre, de mettre en balance la valeur des indications des deux

(1) XVII, 20, Strabon; traduct. Marmontel.
(2) IX, 34, Lucain.

partis, et de se prononcer en définitive en faveur des témoignages qui leur ont paru offrir le plus de garanties. C'est en adoptant ce système, qu'ils ont été amenés à conclure que les indications de Callimaque, de Lucain, de Strabon et de la Table de Peutinger ne pouvaient prévaloir contre les données positives, claires et précises de Scylax, d'Hérodote, de Mela, de Pline et de Ptolémée; c'est ainsi qu'ils ont dénié toute autorité géographique aux auteurs qui ont parlé du lac Triton de la Cyrénaïque, qu'ils ont, en un mot, supprimé Callimaque, Lucain, Strabon et Peutinger.

On pourrait, à la vérité, supposer que Lucain, en laissant entrer la flotte romaine vaincue à la bataille d'Actium dans le lac Triton, près de Bérénice, n'a fait qu'user du droit qu'a le poète d'accommoder, dans de certaines limites, la vérité géographique aux exigences du sujet qu'il traite. On pourrait de même ne pas tenir grand compte de l'assertion par trop laconique de Callimaque, et mettre au compte des nombreuses erreurs de la Table de Peutinger l'emplacement assigné par cette Table à l'ancien lac Triton. C'est le parti auquel s'est arrêté M. Tissot. Mais le témoignage de Strabon ne saurait être tenu en aussi médiocre estime. Nous connaissons Strabon. Ce géographe a décrit, et cela avec une très grande exactitude, les pays qui entourent le bassin de la Méditerranée. Comment admettre qu'il se soit laissé entraîner à placer dans la Cyrénaïque un lac Triton qui n'était pas dans cette région, qu'il ait commis une erreur qu'aucun géographe n'avait commise avant lui, et que, plus tard ne devaient commettre ni Pomponius Mela, ni Pline, ni Ptolémée?

Pour le savant auteur de la Géographie comparée de

la province romaine d'Afrique, Strabon aurait été induit en erreur par des renseignements erronés venus de la Cyrénaïque. « Il aurait cru sur parole les habitants de « Bérénice, qui, ne possédant dans toute l'étendue de leur « littoral ni lac ni fleuve, n'en revendiquaient pas « moins pour leur patrie ce fleuve et ce lac si fameux « dans les légendes helléniques. Bérénice était située près « d'une lagune insignifiante communiquant avec la mer, « et qu'on retrouve encore aujourd'hui au sud-est de « Benghazy. L'amour-propre de ses habitants aurait fait « de cette mare à demi desséchée le lac du dieu qui au« rait donné la Libye à l'Argonaute Euphème et aux « fondateurs de Cyrène (1). »

Cette interprétation suppose nécessairement qu'à l'époque de Strabon, l'existence du lac Triton avait disparu des données de l'histoire et de la géographie positive, et qu'on ne pouvait guère se procurer ailleurs que chez les habitants de Bérénice des renseignements sur ce qu'il fut autrefois.

Malheureusement pour cette supposition, le lac Triton, qui a joué un si grand rôle dans la mythologie hellénique, n'était pas tombé dans l'oubli à l'époque de Strabon. La plupart des poètes, des géographes et des historiens contemporains de l'auteur grec en parlent, tout comme les poètes de l'âge héroïque de la Grèce. Pomponius Mela et Pline, qui écrivaient presque à la même époque que Strabon, connaissent le véritable emplacement du lac Triton. Un siècle plus tard, Ptolémée décrit toutes les particularités du bassin hydrographique du Triton. D'ail-

(1) Tissot, *Géographie comparée de l'Afrique romaine*, page 103.

leurs, Strabon pouvait consulter les histoires d'Hérodote et le Périple de Scylax. Comment supposer qu'il ait pu attacher plus de poids à la croyance intéressée des habitants de Bérénice, qu'aux propres témoignages de l'auteur du Périple et du père de l'Histoire?

Si inadmissible cependant que cette interprétation puisse paraître, force serait de l'adopter, s'il n'était pas possible de trouver une autre version. Mais nous allons montrer qu'il est facile d'expliquer le texte de Strabon, de faire concorder ce texte avec ceux de Callimaque, de Lucain et de la Table de Peutinger et de concilier même les données des auteurs qui ont paru avoir fixé le lac Triton dans la Cyréanïque, avec celles des autres géographes et historiens qui ont placé le lac Triton dans la Byzacène.

Les auteurs qui ont employé le mot Triton en lui attribuant une signification géographique sont très nombreux. Ce sont Scylax, Pindare, Hérodote, Phérécyde, qui écrivaient vers le cinquième siècle avant notre ère; Callimaque, Apollonius de Rhodes, Pausanias, Diodore de Sicile, Strabon, Pline l'Ancien, Ovide, Pomponius Mela, qui vivaient vers l'ère chrétienne; Ptolémée, Solin, Denys le Périégète et son commentateur Eustathe, Eusèbe de Césarée, saint Augustin, Priscien, Vibius Sequester, Nonnus, Suidas, et l'auteur de la Table de Peutinger, qui ont écrit depuis. De l'étude de ces divers auteurs il se dégage cette notion de géographie ancienne, que le mot Triton a été un nom commun à un grand nombre de localités antiques. Des lacs, des fleuves, des villes ont porté ce nom, non seulement en Europe et en Asie, mais aussi en Afrique.

En Europe, plusieurs cours d'eau se sont appelés Tri-

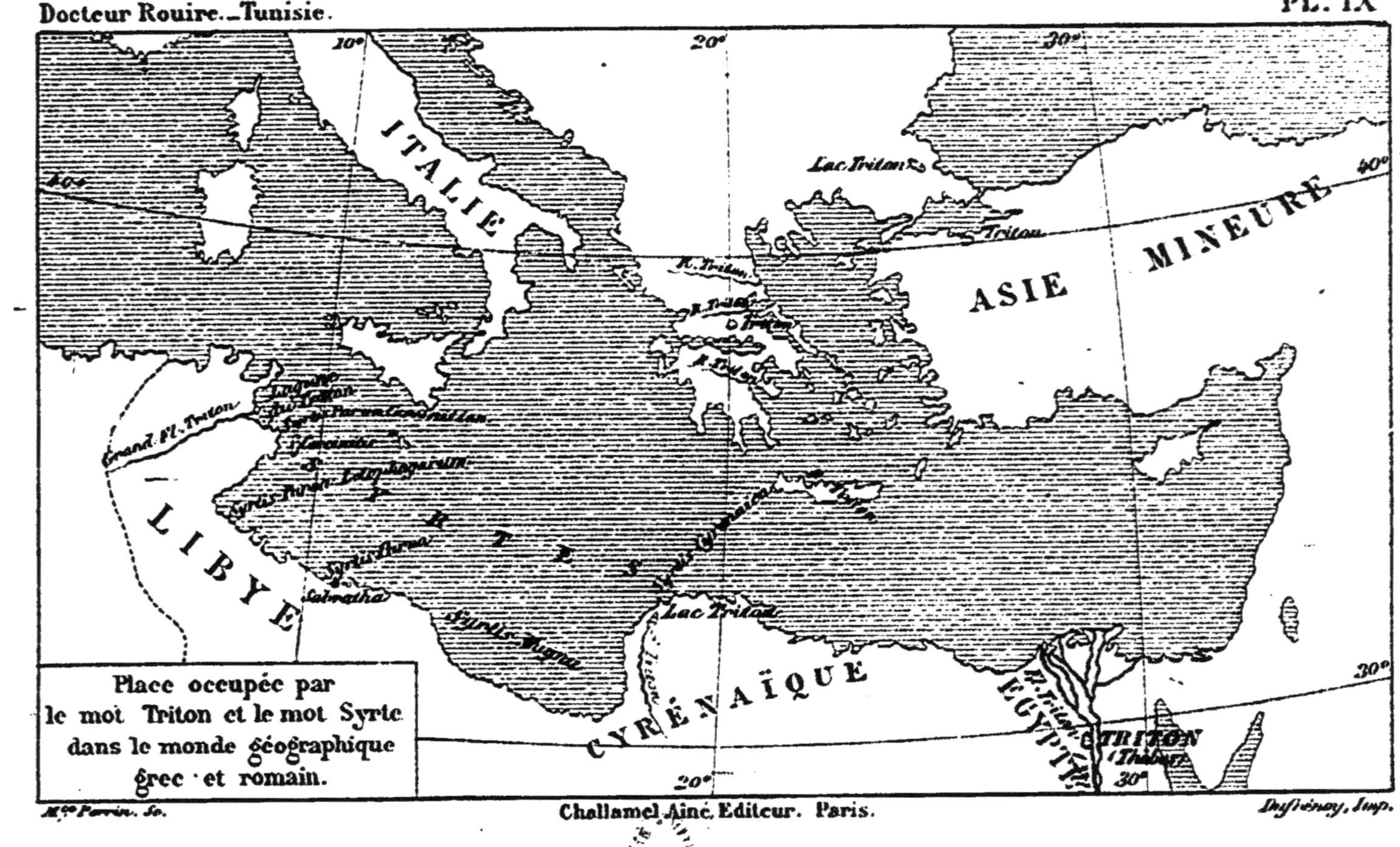

Place occupée par le mot Triton et le mot Syrte dans le monde géographique grec et romain.

Challamel Aîné, Editeur. Paris.

ton; il y eut une rivière Triton en Thessalie, il y en eut une seconde en Béotie, une troisième en Arcadie, et une quatrième en Crète. L'existence de la rivière Triton de Thessalie est attestée par le scoliaste d'Apollonius de Rhodes (1); celle de la rivière de Béotie par ce même scoliaste (2), par Strabon (3) et par Pausanias (4); celle d'Arcadie par Pausanias également (5); enfin celle de la rivière Triton de Crète par Diodore de Sicile (6).

Cette extension géographique du mot Triton ne s'arrête pas aux limites de la Grèce proprement dite. Il y eut un lac Triton en Thrace, signalé par Ovide (7) et Vibius Sequester, et non loin de ce lac, sur le littoral asiatique de la Propontide, une ville s'appela aussi Triton.

Ce mot enrichit aussi la nomenclature géographique de l'Afrique. En Égypte le Nil fut désigné sous le nom de Triton, et Thèbes elle-même, pendant longtemps, porta le nom de Tritonis (8).

De même en Libye. Sous ce rapport, cette portion de l'Afrique n'eut rien à envier à la Grèce, à la Thrace et à l'Asie Mineure: il y eut un lac Triton dans la Cyrénaïque, et un autre lac Triton dans la Byzacène (9).

A l'exception d'Ovide et de Vibius Sequester qui n'ont parlé que du lac Triton de Thrace, tous les auteurs que nous avons cités précédemment ont fait allusion à l'un

(1) Scoliaste d'Apollonius de Rhodes, 1-109.
(2) Scoliaste, IV, 1315.
(3) Strabon, IX, 407.
(4) Pausanias, IX, 33, 7.
(5) Pausanias, VIII, 26, 6, 3.
(6) Diodore de Sicile, 5, 70, 72, 71.
(7) Ovidi *Metamorph.*, XV, 356.
(8) Apollonius de Rhodes, 4, 260-269.
(9) Voir carte IX.

ou à l'autre des deux lacs libyques. Parmi ces auteurs, plusieurs se sont contentés de raconter les légendes mythiques qui ont pris naissance sur les bords de la lagune sacrée du Triton ou bien se sont bornés à mentionner l'existence de ce lac, sans le caractériser autrement par quelques particularités géographiques qui puissent servir à nous éclairer sur son emplacement. Les données de ces auteurs n'apportant aucun éclaircissement à la géographie du bassin du Triton, nous n'avons pas à nous en occuper ici. D'autres, au contraire, nous ont transmis des renseignements vraiment positifs sur le lac Triton et sur les contrées circonvoisines. Ces auteurs, que nous avons nommés déjà sont : Scylax, Hérodote, Mela, Pline, Ptolémée, Callimaque, Strabon, Lucain et la Table de Peutinger.

Les textes de ces auteurs ne sont nullement, quoi qu'on en ait dit, en contradiction les uns avec les autres. Callimaque, Strabon, Lucain, l'auteur de la Table de Peutinger, ont entendu parler d'un autre lac Triton que du lac décrit par Scylax, Hérodote, Mela, Pline et Ptolémée. L'embarras dans lequel s'est trouvé la critique moderne provient précisément de la confusion qu'elle a établie au sujet de ces deux lacs. Les difficultés qu'elle a rencontrées devant elle, elle-même les a créées, et ne pouvant les résoudre, elle a renouvelé le reproche adressé déjà par elle aux anciens à propos du lac Triton de la Byzacène. Elle a encore ici accusé l'antiquité de nous avoir transmis des faits géographiques erronés.

On ne pourrait trouver dans aucun texte classique relatif aux deux lacs Triton de Libye, la moindre indication qui puisse légitimer un rapprochement quelconque entre ces deux lacs. Par contre, les données montrant que ces deux lacs doivent être absolument distincts l'un de l'autre abondent. Ni emplacement, ni dimensions, ni appellation du fleuve, ni peuples avoisinants ne sont communs aux deux lacs.

L'emplacement du lac Triton de la Byzacène est nettement indiqué par Scylax, par Hérodote et par Ptolémée dans la région au midi de Carthage; par Pomponius Mela, avec une précision suffisante, au-dessus de la petite syrte de Gabès. Le lac Triton de la Cyrénaïque est fixé non moins nettement près de Bérénice par Strabon, Lucain et la Table de Peutinger. L'un était de dimensions considérables, Scylax lui donne mille stades de pourtour (1), l'autre de dimensions insignifiantes. Strabon ne le cite qu'avec une sorte de dédain, comme un lac sans importance, sans notoriété, c'est un « certain lac (2). » Dans l'un venait se déverser un grand fleuve, nommé le Triton (3), sur le parcours duquel s'échelonnaient trois lacs; l'autre ne recevait qu'un maigre cours d'eau, le Léthon (4), sur le parcours duquel aucun lac n'est mentionné. Une fois seulement, on trouve le nom de Triton accolé au petit ruisseau de la Cyrénaïque, mais alors l'auteur a bien soin de le faire suivre du qualificatif Ἀσβύστης, fleuve Triton des Asbystes. Près de Cyrène, en effet, vivaient les Asbystes (5), tandis que sur les rives du grand fleuve Triton habitaient au nord les Maxyes, les Zauè-

(1) Scylax, § 110.
(2) *Quemdam lacum Tritonidem*, Strabon, XVII, 20.
(3) Hérodote, Scylax, Mela, Ptolémée.
(4) Strabon, Lucain, Ptolémée, Athénée.
(5) Hérodote, 4, 170; Ptolémée, 4, 4, 10; Pline, V, 5.

ques, les Gyzantes; au midi les Machlyes. Dans l'un enfin se trouvait une île de Triton contenant un temple consacré à Minerve (1); dans l'autre une petite île où avait été édifié un temple de Vénus (2).

La distance entre les deux fleuves, sinon entre les deux lacs, a été même nettement indiquée par Ptolémée au livre IV de sa Géographie. Ce livre est, comme nous l'avons exposé, consacré à l'énumération des villes, peuples, fleuves, lacs et montagnes de la Libye, Mauritanie, Numidie, Afrique propre, Cyrénaïque. Dans le chapitre spécialement consacré à la description de l'Afrique propre, le géographe d'Alexandrie cite le fleuve Triton, et décrit les particularités de son parcours. La description de l'Afrique propre achevée, Ptolémée aborde la géographie comparée de la Cyrénaïque, et expose la nomenclature des fleuves de cette province. Or, parmi ces fleuves, on voit citer le fleuve Lathon, lequel est placé entre Bérénice et Teuchira. Ce fleuve Lathon, qui est le même que le fleuve Lathon de Strabon et de Lucain, ne peut être évidemment le même que le fleuve Triton, déjà signalé dans la nomenclature géographique de la Byzacène; et par conséquent, le lac Triton dans lequel se jette le fleuve Lathon ne peut être le grand lac de la Byzacène.

Au point du vue mythique enfin, de même qu'au point de vue géographique, ces deux lacs ne peuvent être confondus. Sur les bords du lac Triton de la Cyrénaïque a pris naissance la légende du jardin des Hespérides. Sur les bords du lac Triton de la Byzacène, celle d'Athénée Tritogène, de Poseidon, etc. Ici, et je suis très heureux de

(1) Scylax, § 110.
(2) Strabon, XXII, 20.

le constater, M. Tissot a eu le pressentiment du vrai quand il a écrit : « Ce n'est pas sur la côte cyrénéenne que l'on doit « chercher le berceau d'Athénée Tritogène, mais bien « dans le voisinage de la Petite Syrte, à cette limite des « sables et des terres cultivables, des nomades et des po- « pulations sédentaires si bien indiquées par Hérodote (1). »

Enfin, cette même appellation de Triton appliquée à deux lacs situés en Afrique, va nous donner peut-être une explication raisonnable d'un passage de Pline qui jusqu'ici a été déclaré incompréhensible par les commentateurs. Ce passage est emprunté au § 4 du livre V de l'*Histoire naturelle*.

Ab his (Philænorum aris) non procul a continente, palus vasta amnem Tritonem nomenque ab eo accipit, Pallantias appellata Callimacho, et citra Syrtim Minorem esse dicta, a multis vero intra duas syrtes.

De ce côté (de l'autel des Philènes) et peu avant dans les terres, s'étend un vaste marais qui reçoit le fleuve Triton, et porte le même nom que lui. Il a été appelé lac de Pallas par Callimaque. On dit qu'il est situé en deçà de la Petite Syrte, mais beaucoup prétendent qu'il est situé entre les deux syrtes.

Ce qui frappe tout d'abord à la lecture de ce passage est le doute dans lequel se trouve Pline sur l'emplacement du lac Triton. « On dit que ce lac est situé en deçà de la Petite Syrte, d'autres prétendent qu'il est situé entre les deux Syrtes. » Comment expliquer cette incertitude de Pline d'une part, ces affirmations différentes de l'autre? C'est qu'en effet en Afrique, il y a deux lacs du même nom, l'un en deçà de la Petite Syrte, l'autre non

(1) Tissot, *Géographie comparée*, p. 136.

loin de l'autel des Philènes. Pline se fait ici l'écho de ce qui se dit autour de lui. Ces renseignements, il les recueille, mais avec l'insouciance des choses géographiques qu'il laisse apparaître continuellement dans son *Histoire naturelle*, il ne les contrôle pas. Il se contente de mentionner ce qu'il entend, puis, sans s'arrêter, sans se demander si ce que disent les uns et les autres ne s'applique pas à deux lacs différents, il se hâte de passer à l'énumération des autres localités de l'Afrique.

En étudiant de près ce texte si curieux, on peut remarquer en outre qu'il contient d'une manière indirecte et détournée, il est vrai, une preuve nouvelle de la situation du grand lac Triton à hauteur du golfe d'Hammamet. Sous le nom de « Syrte Mineure, » Pline a désigné le même golfe que Pomponius Mela a appelé Syrte tout simplement. La « Syrte Mineure » est donc ici le golfe de Gabès. Or, le lac Triton n'est pas situé au fond de ce golfe, il est, au dire de Pline, placé en deçà : « Citra Syrtim Minorem, » ou, comme le disent beaucoup d'autres, dans la région comprise entre les deux syrtes : « A multis vero inter duas syrtes. »

Qu'on adopte la version de Pline ou la version opposée qu'il mentionne, le fait n'en est pas moins acquis : le lac Triton est en dehors des limites de la « Syrtis Minor, » c'est-à-dire du golfe de Gabès. On conçoit ainsi la raison pour laquelle les partisans de l'assimilation des chotts et de la baie de Triton ont déclaré ce passage incompréhensible.

Il ne l'était pas cependant. A l'époque de Pline on considérait comme limites extrêmes de la « Syrtis Minor, » l'île de Cercinna, et au midi l'île des Lotophages. Pline lui-même fait comprendre quelques lignes plus haut que la

Syrte Mineure est située au midi de Thénée, qui est à peu près à hauteur de Cercinna ; que d'autre part, les terres, qui bordent la Syrte Mineure sont au midi celles qui s'étendent au delà de Djerbah, c'est-à-dire le littoral de la région intermédiaire entre la Grande et la Petite Syrte.

Le mot *citra*, dans son acception générale, désigne donc à la fois le littoral du golfe de Hammamet et le littoral intermédiaire aux deux syrtes. Mais dans la région intermédiaire aux deux syrtes plusieurs des contemporains de Pline, au dire de Pline lui-même, placent le lac Triton ou un lac Triton. Pline ne paraît pas être de cet avis. Il ne reste donc plus que le littoral du golfe de Hammamet où puisse être placé le lac Triton.

Le mot *citra* a donc ici une signification restreinte : il ne peut servir qu'à désigner le littoral du golfe de Hammamet. « Citra Syrtim Minorem » peut fort bien vouloir dire « en deçà du golfe de Gabès du côté nord. » Ainsi interprété, ce passage laisserait même supposer que Pline a sur l'emplacement du lac Triton des idées plus exactes que celles de beaucoup de ses contemporains, si l'on ne savait déjà que l'auteur de la confusion entre les deux lacs Triton est Pline lui-même.

Il y a eu donc trois lacs Triton dans l'antiquité : un dans la Thrace, un deuxième dans la Cyrénaïque, un troisième en Libye. Quantité de rivières et plusieurs villes ont également porté ce nom dans les trois parties du monde connu des anciens. En présence de la répétition si fréquente du mot Triton dans la nomenclature de la géographie grecque, on pourra peut-être se demander quelle a été l'origine et la cause de la prodigieuse extension de ce nom. Dans ses savants mélanges de mythologie et de linguistique comparée (1), M. Michel Bréal croit que le mot Triton serait le dérivé du mot Triton disparu de bonne heure de la mythologie grecque, mais qu'on retrouve dans les Védas, identique au mot Triton employé pour désigner « celui qui règne sur les eaux et l'atmosphère. » Ce mot de Triton se serait perpétué non seulement dans le mot Triton, mais dans celui de Tritogeneia, d'Amphitrite, et de Tritopator. M. François Lenormand, de son côté, adopte l'étymologie suivante, peu différente en somme de celle de M. Michel Bréal. « Le mot Triton, dit-il, est le sanscrit Trito, lac, eau, dérivé de la racine *trit*, *tri*, rive, rivage, qui a produit les appellations de Trita dans les Védas, de Triton et d'Amphitrite dans la mythologie grecque (2). » M. Baissac, dans « l'origine des dénominations ethniques dans la langue aryane, » incline pareillement vers cette opinion. « Quelle qu'ait été, dit-il, la signification originelle du mot Triton en grec, il est incontestable que l'idée d'eau y fut généralement attachée (3). »

Cependant, malgré tout le poids que peut donner à une interprétation l'opinion d'érudits comme M. Michel Bréal et F. Lenormand, je crois devoir soumettre à la critique une autre éthymologie. Le mot Triton ne veut pas dire seulement en grec lac, mais aussi tête. — Or, quand on jette les yeux sur une carte du monde hellénique où se trouve indiquée la distribution géographique des divers lacs Triton, on remarque que ces lacs sont chacun situés au nord de pays qui ont compté parmi les centres de civi-

(1) *Mélanges.*
(2) *Histoire ancienne*, t. III : « *Les Phéniciens,* » p. 16.
(3) *Origine des dénominations ethniques de la langue aryane*, t. I, p. 65.

lisation hellénique. Le lac Triton de Thrace est situé au nord du centre européen, le lac Triton de l'Afrique propre, au nord du centre de la Byzacène, le lac Triton cyrénéen au nord du centre Cyrénéen.

Cette situation géographique des divers lacs auxquels on a donné le nom de Triton, pourrait peut-être donner la clef de la véritable signification de ce mot. Lac Triton aurait bien pu vouloir dire primitivement lac de la tête, lac situé à l'extrémité supérieure, lac qui est situé au haut du pays. Le mot Triton aurait été alors un nom d'abord commun, devenu ensuite un nom propre, lequel se serait introduit dans la géographie et plus tard dans la mythologie de la Grèce. La déesse honorée sur les bords de ce lac septentrional aurait reçu le nom de Tritonique, c'est-à-dire issue du lac Triton, née sur les bords du lac du nord. Ainsi se comprendrait également par une explication géographique la légende qui fait naître Minerve de la tête de Jupiter.

La part si large qu'a occupée le mot Tritón dans la nomenclature géographique de la Grèce, doit s'expliquer par l'extension même que prit le culte d'Athénée Tritogène dans tout le monde hellénique. Du centre religieux du Triton, ce culte rayonna dans tous les pays de langue grecque. La habitants des villes, les riverains des fleuves donnèrent à leurs cités et à leurs cours d'eau le nom de Triton. L'amour-propre local s'en mêla, et alla même jusqu'à disputer au grand marais de la Byzacène l'honneur d'avoir vu naître la déesse Tritogène. Témoin ces deux passages si curieux de Pausanias consignés au livre VIII (1) :

(1) Pausanias, livre VIII, 26, traduction Gedoyn.

« A Aliphère en Arcadie est un temple de Minerve. Les habitants de cette ville ont voué à la déesse une dévotion singulière. Ils sont persuadés qu'elle est née chez eux et qu'elle y a été nourrie. C'est dans cette idée qu'ils ont érigé un temple à Jupiter Lochéate, c'est-à-dire à Jupiter qui accouche de Minerve, et ils ont donné le nom de Tritonis à une fontaine à laquelle ils attribuent tout ce que l'on dit du fleuve Triton. » Et au livre IX (1) : « Près d'Alalcomène, dans une plaine, on voit un temple de Minerve... Il passe là un petit torrent que les gens du pays nomment le Triton, parce qu'ils ont ouï dire que Minerve était née sur les bords du Triton, *comme s'ils ignoraient que cela doit s'entendre non d'un fleuve de Béotie, mais du triton, fleuve d'Afrique, qui est formé par les eaux du lac Tritonis et qui va se jeter dans la mer de Libye.* » Mais la tentative des habitants d'Alalcomène tout comme celle des habitants d'Aliphère demeura vaine.

L'antiquité ne fut pas dupe de cette pieuse confusion. Ainsi que nous l'apprend Pausanias lui-même, aux yeux des Grecs, le grand marais de la Byzacène passa toujours pour le berceau d'Athénée Tritogène, et c'est à lui qu'échut l'heureuse fortune de rendre son nom et son culte populaires dans toute la Grèce.

(1) Pausanias, livre IX, 33; trad. de Gedoyn.

CHAPITRE X.

DE LA VALEUR GÉOGRAPHIQUE DU MOT SYRTE, ET DE LA PLACE QU'A OCCUPÉE CE MOT DANS LA NOMENCLATURE GÉOGRAPHIQUE ANCIENNE.

Dans les chapitres précédents, nous avons vu que le golfe de Hammamet avait été désigné par Scylax sous le nom de Petite Syrte Cercinnitique. Nous avons vu aussi, que dans les textes de Pline et de Mela, la situation du lac Triton avait été liée à celle de la Petite Syrte de Gabès. Notre étude sur la géographie comparée du bassin du Triton pourrait donc paraître incomplète, si nous ne déterminions la place que cette expression a occupée dans la nomenclature géographique ancienne, et si nous ne précisions le sens que les auteurs grecs et latins ont entendu donner à ce mot.

Les plus anciens auteurs qui ont employé le mot syrte sont : Pindare, Scylax et l'Anonyme du Stadiasme. Ces auteurs paraissent avoir vécu au commencement du cinquième siècle. Dans Pindare, le mot syrte paraît désigner d'une manière générale les golfes du nord de la Libye situés à l'orient du lac Triton. C'est ainsi que le navire Argo sorti des bas-fonds du Triton et reprenant la direction de la Grèce, se fraye un chemin pénible « à travers les syrtes orageuses (1). » Le Périple de Scylax

(1) *Pythiques* IV.

faisant la description détaillée des golfes du nord de la Libye donne à deux enfoncements de la mer sur le littoral à l'orient de Carthage le nom de syrtes : l'une, de petites dimensions, qu'il appelle Cercinnitique et qui est située au nord d'Hadrumète et au midi de Néapolis ; l'autre, de 5,000 stades de pourtour, qui est situé à l'occident de la contrée des Hespérides (Cyrénaïque). Nous avons surabondamment démontré que la Syrte Cercinnitique était le golfe de Hammamet lui-même, nous n'avons pas à y revenir. Quant à la syrte voisine des Hespérides, voici la description qu'en fait Scylax : « Au delà de « la contrée des Hespérides, se trouve un grand golfe « que l'on appelle Syrte, d'environ 5,000 stades de cir- « conférence. Il s'étend des Hespérides jusqu'à Néapolis, « qui est situé en face sur le littoral opposé. Les Nasamons « habitent sur ce rivage, et dans leur voisinage se trouve « le peuple libyen des Maces, vivant non loin de la syrte « et jusqu'à son embouchure. . . . . Au fond de la « syrte se trouvent les autels des Philènes. . . . . Au « delà de la syrte est le Cynips..... (1). D'après cette « description, la syrte à l'occident des Hespérides corres- « pond au golfe de la Sidre actuel. »

A son tour, le Stadiasme de l'Anonyme qui, comme le Périple de Scylax, est un manuel destiné à indiquer aux navigateurs les particularités du littoral, mentionne diverses syrtes sur la côte nord d'Afrique. La méthode suivie par l'Anonyme du Stadiasme est la même que celle employée déjà par Scylax. L'Anonyme mentionne d'abord la région qu'il veut décrire, puis il passe à l'énuméra-

(1) Scylax, § 109.

tion des diverses localités de cette région. C'est ainsi qu'après avoir décrit l'Égypte, il aborde la description du littoral de la Cyrénaïque.

§ CLVIII. — Suit la Syrte des Cyrénéens.
De Bérénice à Rhinées, la distance est de 60 stades.
De Rhinées à Pittus.
De Pittus à Thimotheus.
De Thimotheus jusqu'à Halès.
De Halès jusqu'à Borion, la distance est de 50 stades.
§ LXIII. — Suit la Syrte Cyrénaïque.
De Borion jusqu'à Chersis 160 stades.
De Chersis jusqu'au bourg d'Amastoris, etc.

. . . .

§ LXXXV. — Suit la Grande Syrte.
De l'autel des Philènes jusqu'à Hippuaera 400 stades.

. . . .

§ C. — Suit la Petite Syrte.
De Sabratha et Locres 300 stades, puis est un bourg au haut duquel se voit une tour.
De là jusqu'à Thapsus... etc.

Ainsi, d'après le Stadiasme, le navigateur qui longe la côte nord de Libye rencontre sur son chemin quatre golfes auxquels on donne le nom de Syrtes : c'est d'abord la Syrte des Cyrénéens, puis la Syrte Cyrénaïque, puis une grande Syrte, puis une petite Syrte (1). La syrte des Cyrénéens commence à Bérénice et finit à Borion, la Syrte Cyrénaïque commence à Borion et finit à l'autel des Philènes, une grande syrte commence à l'autel des Philènes et s'étend jusqu'à Sabratha. Au delà de Sabratha et jusqu'à Thapsus est encore une petite syrte.

Enfin dans les récits des auteurs postérieurs à Scylax et à l'Anonyme, on trouve le mot syrte employé pour dé-

(1) Voir la carte du Périple de Scylax.

signer une partie quelconque du golfe de Gabès ou du golfe de la Sidre actuel, et un passage de Pline fait allusion à une petite syrte dans le voisinage de Sebratha.

Soit qu'ils n'aient pas eu connaissance des passages où l'Anonyme du Stadiasme et Pline font allusion à différentes syrtes, soit qu'ils aient mal interprété le texte de Scylax qui fait mention d'une petite syrte au midi du cap Bon, plusieurs ont cru que dans la nomenclature géographique antique le nom de syrtes ne s'était appliqué qu'aux deux seuls golfes de Gabès et de la Sidre.

Cependant, toutes ces syrtes sont parfaitement distinctes. Toutes ont des limites nettement indiquées. La confusion qu'on a voulu établir entre les deux petites syrtes situées à l'Orient de Carthage, l'une au nord, l'autre au midi de la Byzacène, ne peut guère surtout être justifiée.

La Petite Syrte du nord est au midi de Néapolis et d'Hadrumète (1).	La Petite Syrte du sud est comprise entre Ménind et Djerbah (2).
La Petite Syrte du nord était désignée sous le nom de Syrte Cercinnitique.	La Petite Syrte du sud a été désignée sous le nom de Syrte Lotophagitique.
La Petite Syrte du nord était renommée par la fertilité de son littoral.	La Petite Syrte du sud n'offrait que des terres stériles.
La Petite Syrte du nord communiquait avec le lac Triton et recevait ainsi le fleuve Triton.	La Petite Syrte du sud ne recevait aucun fleuve digne d'être mentionné par les anciens.

Aucun auteur ancien ne fait communiquer le lac Triton

(1) Scylax, § 110.

(2) Agathémère, III, VIII. — Strabon, XVII, III, 20. — Pline, V, 31. — Ptolémée, IV, 4, etc., etc...

avec le golfe de Gabès. Strabon, Solin, Procope, tous les auteurs qui décrivent minutieusement les particularités du golfe de Gabès ne font pas allusion à cette communication. Deux fois Pline et Mela déterminent la position du golfe de Triton par rapport au golfe de Gabès, mais ces auteurs ont bien soin de dire que ce lac était seulement adjacent au golfe de Gabès. Ce lac était d'après eux audessus « *super* » ou en deçà « *citra* » du golfe de Gabès lui-même. Ainsi est détruit le raisonnement de ceux qui ont cru que la Petite Syrte étant le golfe de Gabès, et les auteurs faisant communiquer le lac de Triton avec la Petite Syrte, il fallait en conclure que le lac Triton communiquait avec le golfe de Gabès. Dans ce syllogisme la majeure était incomplète et la mineure fausse.

Du moins avec le mot syrte, la critique moderne a-t-elle été plus heureuse qu'avec le mot Triton! Bien que n'ayant pas encore été aussi nettement formulée et déterminée que je le fais aujourd'hui, cette distinction entre les syrtes anciennes avait été cependant soupçonnée par quelques-uns de ceux qui se sont voués à l'étude de la géographie comparée de l'Afrique romaine, d'Avezac et Tissot notamment, avaient entrevu cette vérité.

« Un ancien Périple de la Méditerranée, dit d'Avezac, « distingue expressément dans le golfe appelé Grande « Syrte, d'une part, une Syrte de Cyrène, de l'autre, « la Grande Syrte proprement dite (1). — Pline dit de « Sabratha, continue Tissot, que cette ville touche à la « Petite Syrte, « *Sabratha contingens Syrtim minorem.* » « Le Stadiasme donne aussi la même indication; le nom

(1) D'Avezac, *Afrique ancienne.* (*Univers pittoresque.*)

« de Sabratha y est suivi de la mention : « Σύρτις μικρά. »
« Le mot *syrtis* désignait, par conséquent, pour quel-
« ques géographes anciens, non seulement les deux golfes
« de Gabès et de la Sidre, mais les bas-fonds qui avoisi-
« nent le premier et sur lesquels se produit également
« le phénomène du flux et du reflux. » Dans ces quelques lignes, la distinction existant entre les Syrtes est presque indiquée.

Nous venons de déterminer la place qu'a occupée dans la nomenclature géographique africaine le mot Syrte, nous allons essayer maintenant de fixer la signification précise que les anciens ont entendu attacher à ce mot.

Le mot σύρτις vient du mot σύρειν, entraîner. Les anciens donnaient de cette étymologie deux explications différentes. D'après Apollonius de Rhodes, les syrtes auraient été ainsi nommées en raison des bas-fonds dont ces golfes étaient parsemés et où les vaisseaux se laissaient entraîner, puis échouer (1). Procope est de cet avis.
« Lorsqu'un navire, détourné de sa route par le courant
« ou les vents, s'engage dans le demi-cercle que décrit
« le golfe, il lui est impossible de reprendre sa direction
« primitive; il semble entraîné par une force invincible
« et croissante, et c'est pour cela, j'imagine, que les an-
« ciens ont donné aux syrtes le nom qu'elles portent (2). »

Eustathe, le commentateur de Denys le Périégète, donne du mot syrte une explication peu différente. D'après lui, ce mot proviendrait des grandes accumulations de vagues qui se formaient dans les syrtes et que la mer entraînait et brisait contre les rochers. « La navigation des syrtes

(1) Apollonius de Rhodes, IV, 1235.
(2) Procope, *De Ædificiis*, VI, III, 3.

« présente de grandes difficultés, ainsi que le disent les « anciens, par leurs bas-fonds marécageux et parce que, « lors des flux et des reflux de la mer, les navires sont « poussés dans les bas-fonds et rarement réussissent à se « dégager. La mer n'y est jamais profonde, mais, à cer- « taines époques, elle roule de hautes vagues. Son nom « de Syrte lui vient de là, mer qui entraîne, qui brise les « vagues contre les rochers (1). »

Qu'on adopte l'opinion d'Apollonius de Rhodes ou celle d'Eustathe, il n'en est pas moins incontestable que ce terme géographique comporte avec lui l'idée de bas-fonds associée à celle de bras maritime, d'enfoncement de la mer dans l'intérieur des terres.

Si, maintenant, nous passons à l'étude de la configuration générale et de la constitution géologique de la côte d'Afrique, nous verrons qu'à partir du cap Bon et jusqu'au plateau de Barcah, la Méditerranée se courbe en trois grands golfes : le golfe de Hammamet, le golfe de Gabès et le golfe de la Sidre. Entre ces trois golfes sont jetées des terres intermédiaires, le Sahel entre le golfe de Hammamet et celui de Gabès, le littoral de Tripoli entre le golfe de Gabès et celui de la Sidre. Sur tout le littoral qui s'étend du midi de Hammamet jusqu'au plateau de Barcah, la côte est plate, basse, sablonneuse. De loin en loin quelques falaises de grès, quaternaire en général, viennent seules rompre cette monotonie. A l'exception du Sahel tunisien et de quelques oasis, la zone littorale est stérile, aucune des vallées profondes que détermine à la surface du sol du reste de la Berbérie le relief du Petit

(1) Eustathe, *Denys le Périégète*, 198.

Atlas n'y existe. Le désert accumule ses sables jusqu'au rivage et les nomades viennent montrer leurs tentes jusqu'aux bords de la mer.

Sur cette côte désolée, la lutte partout ouverte entre les flots de la mer et les terres littorales qui les endiguent, a pris un caractère tout particulier. Les golfes de l'Afrique ne se terminent pas en anses arrondies et régulières, mais par une série d'indentations profondes qui pénètrent dans le continent, et forment ainsi des culs-de-sac dont les eaux et les terres se disputent la possession, sebkhas pleines d'eau en hiver et faisant partie du golfe, dépressions desséchées en été et appartenant au continent, mais que toujours les pluies estivales qui les emplissent veulent restituer à la mer. Ces culs-de-sac maritimes, moitié mer, moitié continent, sont la caractéristique de cette plage africaine. Ce sont des lambeaux que le continent détache de la mer et conquiert lentement sur elle. Dans le pays, on désigne ces culs-de-sac sous le nom de sebkhas, tout comme les dépressions du sol situées dans l'intérieur des terres et où viennent s'accumuler les eaux venues des montagnes voisines et y demeurer jusqu'à leur entière évaporation. Dès le midi de Hammamet, les sebkhas apparaissent au fond du golfe. Vient d'abord la grande lagune formée des deux sebkhas Djériba et Halk-el-Mengel, ligne de bas-fonds littoraux qui n'a pas moins de 55 kilomètres de long; puis, entre Sousa et le Monastir, la sebkha de Sahalim, dont la plage montre les premiers groupes importants de palmiers qu'on rencontre sur la voie du littoral, lorsqu'on descend de Tunis vers le sud. De même dans le golfe de Gabès, de semblables bas-fonds existent, du côté de Souk-el-Knéis, aux alentours de l'île

Kerkenna et de l'île de Djerbah. Au fond du golfe de la Sidre, une immense lagune cinq fois encore plus considérable que celle du golfe de Hammamet s'allonge parallèlement à la côte, entre Mezrata et Bir-Matrao. Sur une étendue de près de 260 kilomètres et une épaisseur moyenne de 18, les vases inondées et les sables mouvants y alternent avec des salines dont la croûte fragile recouvre de véritables gouffres. Séparée du reste du golfe par un cordon de rochers et de dunes, la sebkha est formée par les eaux du grand plateau tripolitain. A l'occident et à l'orient de cette grande dépression s'égrènent une série de lagunes rappelant plus ou moins par leurs dimensions la sebkha de Sahalim, et dont la plus importante, à moitié ensablée aujourd'hui, se cache au pied même des terres qui se relèvent pour supporter le plateau de Barcah, à proximité de Benghagy, l'ancienne Bérénice.

Les trois golfes de Hammamet, de Gabès et de la Sidre répondent donc également tous les trois à l'idée que les anciens s'étaient faite du mot syrte. Au fond de chacun de ces trois golfes se trouvent les bas-fonds où les navires anciens se laissaient, au dire d'Apollonius de Rhodes, entraîner. Là aussi est la « mer peu profonde » dont parle Procope, et ces grandes agglomérations de vagues qui furent la terreur des navigateurs. Seulement, ce n'est pas à l'action du flux et du reflux, comme le croyait Procope; qu'il faut attribuer ces tempêtes et l'irritation de la mer, mais bien à l'action des vents contraires, au choc des vents du nord et du midi. A l'entrée des syrtes est le point où se rencontrent les vents humides venus d'Europe et le simoun ou tchili desséché et brûlant venu du Sahara.

Les trois golfes de Hammamet, de Gabès et de la Sidre méritaient donc tous les trois, et à un titre égal, le nom de syrte que les anciens leur ont donné. Le golfe de la Sidre fut appelé « Syrte voisine des Hespérides, » à cause de sa proximité avec cette localité, ou Grande Syrte, à cause de ses dimensions. Le golfe de Gabès et le golfe de Hammamet furent également de petites syrtes; de même les faibles enfoncements de la mer à hauteur de Sabratha et de Benghazy. Le golfe de Gabès fut appelé Lotophagitique, du nom de l'île des Lotophages, le golfe de Hammamet fut qualifié à son tour de Cercinnitique, du nom de Cercinna. A la vérité, l'île de Cercinna n'est pas, rigoureusement parlant, à hauteur de Ras Capoudia (Caput Vadum) de Procope, que l'on s'accorde à regarder aujourd'hui comme la limite extrême du golfe de Hammamet; mais cette appellation peut trouver sa justification dans l'itinéraire suivi par les navigateurs grecs ou phéniciens de l'époque de Scylax. Ceux-ci, venus des ports de l'Hellade et de la Phénicie, longeaient la côte syrtique en remontant du sud au nord. L'île des Lotophages, qu'ils apercevaient la première à l'entrée du golfe de Gabès, leur fit donner son nom à ce premier golfe. L'île de Cercinna, qu'ils apercevaient ensuite à l'autre extrémité et à quelque distance du seuil du second golfe, leur servit également à désigner ce golfe de Hammamet. D'ailleurs, les limites de ces golfes variaient. Tantôt les anciens désignaient sous le nom de Grande Syrte ou de Petite Syrte l'extrémité la plus reculée des golfes africains dans l'intérieur des terres, tantôt ils comprenaient sous cette dénomination une partie plus ou moins étendue des terres littorales qui les avoisinaient. La circonférence de la Grande Syrte fut alternativement évaluée par Scylax à 5,000 stades (1); par Agathémère, à 5,000 stades également (2); par Strabon, à 4,930 stades (3); par Pline, à 625 milles romains (4), estimation à peu près équivalente et correspondant à environ 950 kilomètres. L'extrémité orientale de cette syrte fut placée par Scylax près de Bérénice (5); la même limite lui fut assignée par Ératosthène, cité par Strabon (6) et plus tard Pline (7). Mais le Stadiasme (8) ne fait commencer la Grande Syrte qu'à hauteur de Chersis, à une distance de 140 stades du cap Borion, et Ptolémée (9) assigne comme limite extrême à l'occident à la Grande Syrte ce même cap Borion. Sur les limites des Petites Syrtes les opinions paraissent encore plus divisées. Le stadiasme comprend sous cette domination toute la portion de mer qui s'étend de Sabratha à Thapsus. Agathémère ne considère comme appartenant à la Petite Syrte que l'ouverture du golfe mesurée entre Cercinna et l'île des Lotophages. Strabon, Mela font également commencer la Petite Syrte à hauteur des îles Cercinna, et Ptolémée au midi de Sfax (Taphrura). Ces divergences s'expliquent d'ailleurs. Par la configuration générale, par son unité de structure, la côte syrtique ne présentait aucune ligne de démarcation nettement tranchée, et fournissait matière aux incertitudes anciennes.

A l'unité de structure de la côte d'Afrique a donc cor-

(1) Scylax, *Périple*, 109.
(2) Agathémère, III, VIII.
(3) Strabon, XVII, III, 20.
(4) Pline, 5, 4, 27.
(5) Scylax, *Périple*, 109.
(6) Eratosthène apud Strabonem.
(7) Pline, 5, 31.
(8) *Anonymi stadiasmus.*
(9) Ptolémée, IV, 4.

respondu, dans la nomenclature ancienne, une unité d'expression géographique. D'une manière générale le mot syrte a désigné la portion de mer méditerranéenne qui s'étend à l'orient de Carthage et jusqu'à l'Égypte. Dans les documents anciens, il est permis de retrouver cette expression appliquée dans un sens aussi étendu. « A travers les syrtes orageuses » de Pindare, peut bien désigner tous les golfes syrtiques de la côte nord d'Afrique : de même l'expression d'Horace « *per æstuosas syrtes*, à travers les syrtes brûlantes, » peut très bien s'entendre des mêmes golfes. C'est certainement ainsi qu'il faut entendre l'expression virgilienne : « *In brevia et syrtes urget* (1), » et cet autre : « *Et vastas syrtes aperit* (2). » C'est de même ainsi qu'il faut comprendre la donnée géographique de Strabon, « καὶ οἱ Φιλαίνων βωμοὶ λεγόμενοι κατὰ μέσην που τὴν μεταξὺ τῶν Σύρτεων, — les autels des Philènes qui sont situés au milieu des syrtes. »

Cette dernière donnée était, comme bien d'autres, restée jusqu'ici inexplicable. Et elle l'était en effet, tant que l'on croyait que sur la côte d'Afrique, le mot syrte n'avait servi qu'à désigner deux golfes : celui de Gabès et celui de la Sidre. En effet, l'autel des Philènes était situé au fond de la Grande Syrte seulement. Mais cette donnée devient très explicable au point de vue géographique, dès que l'on étend à tous les golfes s'étendant entre le cap Bon et la Cyrénaïque le nom de syrte. « Les autels des Philènes qui sont situés entre les syrtes, » pourraient très bien se traduire ainsi : « Les autels des Philènes qui sont

(1) *Énéide*, liv. Ier, vers 111.
(2) *Ibid.*, vers 136.

situés entre les golfes syrtiques de Libye. » De même que le mot Triton, le mot Syrte a donc été une expression géographique commune, à sens net et déterminé, et ayant occupé à ce titre une grande place dans la nomenclature géographique ancienne.

CHAPITRE XI.

DE LA RÉGION TRITONIQUE CHEZ LES GÉOGRAPHES ARABES.

Pas plus que leurs prédécesseurs, les géographes et les historiens de la Grèce et de Rome, les historiens et les géographes arabes ne pouvaient oublier de mentionner dans leurs récits le bassin hydrographique de la Tunisie centrale.

Dans les relations géographiques que nous ont laissées Edrisi, Aboulféda, Léon l'Africain, nous trouvons des renseignements sinon abondants, du moins fort intéressants sur la géographie du littoral du golfe de Hammamet.

Nous allons donner un extrait des passages qui se rapportent d'une manière spéciale à la géographie de la région que nous avons désignée sous le nom de Pays tritónique.

Le premier des auteurs arabes qui donne des détails spéciaux sur les contrées formant la Tunisie centrale actuelle est Edrisi. Ce géographe vivait au neuvième siècle.

« En revenant de Tunis à Hammamet, dit Edrisi, la « route est d'une journée, distance égale à l'étendue en « largeur de l'île Baschek. Cette partie de la côte porte le « nom de Hammamet (1).

« De Hammamet à Al-Mœnar, 5 milles, Al-Mœnar est un « château assez éloigné de la côte. De Al-Mœnar à Casr- « el-Marsad et à Casr-el-Morabetin, 6 milles. Ce château

(1) *Géographie* d'Edrisi; traduction Jaubert, p. 178, 2e section, IIIe climat.

« se trouve au fond du golfe qu'on appelle *Djoun-el-*
« *Madfoun, le golfe enterré.*

« De Casr-el-Morabetin au cap de Djoun-el-Madfoun, « 6 milles. De ce cap à Ercalia, 8 milles. D'Ercalia à Sousa, « 18 milles. »

Ainsi, dans le texte arabe, à Casr-el-Morabetin se trouve le fond « du golfe comblé. »

Suivons sur la carte actuelle l'itinéraire d'Edrisi.

L'île Baschek est, comme on sait, la presqu'île du cap Bon, Hammamat est Hammamet, Al-Mœnar, El-Mœnara, Ercalia, Erghéla.

On n'a pas jusqu'ici, il est vrai, fixé la position exacte de Casr-el-Morabetin. Mais nous savons que ce château est situé à 6 milles au sud de Al-Mœnar, et que le fond du « golfe comblé » commence à Casr-el-Morabetin. Me guidant d'après ces indications, j'ai exploré le pays au sud de Al-Mœnar et de Bou-Ficha jusqu'à la mer, et ai pu découvrir à 8 kilomètres au sud d'Al-Mœnar une série de constructions anciennes couvrant un mamelon au milieu de la plaine, et indiquant là l'emplacement d'un ancien fort. Ce point s'appelle aujourd'hui Henehir-Bou-Dridi. Or, à quelque distance au sud apparaît, ainsi que l'indique fort bien Edrisi, la partie septentrionale de la sebkha Djériba.

Quelques-uns ont pensé que par l'expression géographique « Djoun-el-Madfoun » Edrisi avait voulu désigner le golfe de Hammamet lui-même (1). Mais d'après les renseignements que j'ai pu me procurer au cours de ma dernière exploration, c'est la sebkha Djériba seule qui s'est appelée ainsi.

(1) Tissot, *Géographie comparée.*

Le nom de « Djoun-el-Madfoun » est une expression qui subsiste encore dans le pays, et c'est la portion nord de la sebkha Djériba qui porte aujourd'hui ce nom. Étudiée dans sa configuration générale, la sebkha Djériba se compose de deux portions, l'une au nord, l'autre au sud d'El-Klée. El-Klée est un promontoire qui s'avance de l'intérieur au milieu de la sebkha, et en rétrécit le lit à un point tel que ce dernier ne forme plus à cet endroit qu'un canal étroit. Au nord d'El-Klée, les indigènes donnent à la sebkha le nom de Djoun-el-Madfoun, tandis qu'ils réservent à la portion sud le nom de Djériba. Dans le « Djoun-el-Madfoun, » l'eau atteint sa plus grande profondeur et y séjourne d'une manière permanente. Dans la Djériba proprement dite, la sebkha se trouve à sec pendant l'été. C'est aussi probablement à El-Klée qu'il faut reporter l'appellation antique de cap de « Djoun-el-Madfoun, » car, du moins à l'époque actuelle, la côte basse et sablonneuse ne dessine plus un angle saillant au nord d'Erghéla, et d'autre part, la saillie d'El-Klée fait face à une des deux bouches de communication de la sebkha avec le golfe de Hammamet. A cette hauteur, le cordon littoral se trouvant interrompu, haute mer et sebkha viennent mêler leurs eaux à l'époque des crues et des gros orages, au pied du cap d'El-Klée. Quoi qu'il en soit de cette dernière adaptation, le « Djoun-el-Madfoun » d'Edrisi correspond à la portion nord de la sebkha Djériba, et par conséquent à la grande lagune de Scylax.

Précieux aussi sont les renseignements qu'Edrisi nous donne de la contrée de Kaïrouan.

« Entre Tunis et Kaïrouan est la montagne dite de Za-« ghouan, qui est très haute, et qui, par ce motif, est

« prise par les vaisseaux en pleine mer pour point de re-« connaissance. Les flancs de cette montagne sont fertiles « et peuplés en certains endroits de musulmans non mêlés. « Il en est de même de la montagne d'Esalat, dont la « longueur est de deux journées de marche. Cette monta-« gne est distante de Tunis de deux journées, et de Kaïrouan « de 15 milles. On y trouve de l'eau courante, un grand « nombre d'habitations et divers forts, tels que Djagal, « Suf, El-Cattana, Dar-el-Djouaïb. Toute cette contrée est « peuplée de tribus berbères qui y élèvent des troupeaux « de bœufs, des moutons, des mulets et des chèvres (1). »

Ce passage ne peut prêter matière à aucun doute. Le mont Esalat, identique au mont Ousaleton, correspond bien par le nom, par la situation géographique et par sa description, à l'Ousselet actuel. Edrisi vivait au neuvième siècle, Ptolémée au deuxième. Pendant sept siècles et malgré l'invasion arabe, le nom d'Ousaleton s'est à peine modifié.

Au treizième siècle, la montagne située à côté de Kaïrouan porte encore le même nom, témoin le passage suivant d'Aboulféda (2).

« Une vaste chaîne de montagnes s'étend au midi de la « ville de Gabès, de l'est à l'ouest. Du côté de Gabès, elle « est connue sous le nom de Montagne de Damar, du « côté de Gafsa, sous celui de Montagne Aloukhas; et du « côté de la ville de Kaïrouan, sous celui de Montagne « de Oueslat. Cette chaîne est couverte de verdure et « forme la principale richesse du souverain du pays. Kaï-« rouan se trouve au midi de la montagne. »

(1) Edrisi, *Géographie*, p. 70, 3e climat, 2e section.

(2) Aboulféda, traduction Raymond, p. 178. Aboulféda, géographe arabe, né en 1273 à Hamat, en Syrie, mort en 1331.

Un siècle et demi après, Léon l'Africain parlant de la contrée avoisinant Kaïrouan, dit à son tour (1) :

« Kaïrouan est situé au milieu d'une plaine sablonneuse « et déserte ne possédant ni arbres ni graines. Non loin « de cette cité, à environ 12 milles, il y a une montagne « nommée Ousselet : là se trouvent des ruines romaines, et « des sources auprès de ces ruines. On y voit aussi des « jardins de caroubiers dont les fruits s'exportent à Kaï- « rouan, qui n'a, lui, ni sources ni eau vive. »

Ces textes des auteurs arabes ont leur importance. Dans le premier passage d'Edrisi, nous voyons que les Arabes, au neuvième siècle, ont conservé la notion d'une ancienne lagune, d'un *golfe comblé* au fond du golfe de Hammamet. Dans le second passage du même auteur, et dans ceux d'Aboulféda et de Léon l'Africain, nous constatons que le nom d'Oueslat ou d'Esalat a désigné pendant toute la période arabe, non pas une montagne voisine des chotts, mais bien le massif montagneux situé à 17 milles à l'ouest de Kaïrouan. Nous avons vu d'autre part qu'au dix-septième et au dix-huitième siècle, mention était faite dans l'histoire des guerres civiles de Tunisie du mont Ousselet et du peuple des Oussaletia qui l'habitaient.

Donc, depuis la période romaine la tradition n'a pas été rompue. A travers la série des âges et pendant dix-sept siècles, le mont Ousaleton s'est maintenu comme tant d'autres, intact dans le pays et toujours a servi à désigner la même localité géographique.

(1) Léon l'Africain, géographe arabe, né à Grenade en 1823, mort vers le milieu du seizième siècle.

CONCLUSION.

Notre tâche est momentanément terminée. Nous nous étions proposé de démontrer l'inanité des systèmes antérieurs ayant assimilé le « Pays Tritonique » à la région de Gabès; de faire un exposé succinct des nouvelles découvertes géographiques faites dans la Tunisie centrale, d'assimiler le nouveau bassin géographique tunisien à l'ancien fleuve Triton, et de montrer que les quelques objections faites au bien-fondé de cette nouvelle thèse ne pouvaient constituer contre elle aucun argument sérieux. Successivement, et par la logique même des choses, nous avons été amenés à reconstituer la géographie ancienne de Ptolémée, à montrer l'exactitude de son système hydrographique et de son système orographique, demeurés l'un et l'autre aussi impénétrables à la science moderne que l'énigme du Triton elle-même. Nous avons dû déterminer aussi la place qu'ont occupée dans la géographie ancienne les mots Syrte et Triton, et la valeur de ces expressions elles-mêmes. Nous avons pu acquérir ainsi à la science géographique moderne, ou proposer à la critique archéologique les points suivants :

1° Les systèmes tendant à assimiler la région de Gabès au « Pays Tritonique, » c'est-à-dire les systèmes de Shaw, Mannert et Carette-Roudaire, ont contre eux les indications topographiques et géologiques du bassin des Chotts.

2° Ces systèmes ont contre eux les données positives des textes anciens.

3° Il a été découvert, au cours de l'expédition tunisienne, un grand bassin hydrographique dans la Régence, sur l'existence duquel l'Europe n'avait plus conservé de souvenir certain.

4° Ce bassin hydrographique n'est autre que l'ancien bassin du Triton ; les indications géologiques et topographiques, les données positives des textes antiques établissant surabondamment entre ces deux bassins une parfaite concordance dans l'ensemble et dans les détails.

5° Les indications géographiques de Ptolémée sur la province romaine d'Afrique reproduisent point par point et quoi qu'on en ait dit, la géographie de la Tunisie actuelle.

6° De même les cartes astronomiques, dans leur ensemble et tout compte fait des erreurs particulières à l'auteur, reproduisent exactement les grandes lignes du pays.

7° Le système hydrographique de la Libye décrit par Ptolémée est bien le système hydrographique tunisien, tel que viennent enfin de nous le révéler les découvertes géographiques faites au cours de l'expédition de Tunisie.

8° De même, le système orographique Ptoléméen correspond au système orographique tunisien actuel.

9° Le mot Triton a été une expression géographique ancienne, à signification étendue, et s'appliquant à un grand nombre de fleuves et de localités. Il y a eu notamment un lac Triton en Cyrénaïque.

10° Le mot Syrte a été également une expression géographique à signification étendue, s'étant appliquée à tous les golfes africains situés au midi de Carthage et s'étendant jusqu'à la province de la Cyrénaïque.

11° La description que les auteurs arabes ont faite de la Tunisie centrale ne contredit en rien, et reproduit sur plusieurs points les données des géographes grecs et latins sur « le Pays Tritonique. »

Nous ne le dissimulons pas. C'est, à côté de la description d'un pays inconnu hier encore à l'Europe, la reconstitution, dans ses grandes lignes, de la géographie ancienne de la Tunisie centrale, de la Tunisie méridionale et de la Tripolitaine. La solution de ces diverses énigmes est trouvée.

Sans doute, il reste encore des points sinon à éclaircir, du moins à compléter. L'histoire des événements qui se sont déroulés sur le lac Triton à l'époque mythique, celle des événements dont, à l'époque historique, la Byzacène et la Cyrénaïque ont été le théâtre, est encore à faire. Une description complète, méthodique et réellement scientifique de cette même Tunisie centrale n'est pas encore acquise à la géographie générale. A un point de vue plus restreint, l'étude des voies romaines qui sillonnaient « le Pays Tritonique, » celle des monuments qui le couvraient, les modifications survenues à la surface du sol depuis l'époque historique, peuvent fournir de leur côté une ample matière à un travail ultérieur. Nous n'avons pas cru devoir en parler ici. Par expérience, nous le savons, il n'est pas naturel de jeter dans la circulation scientifique trop de faits à la fois. Beaucoup de ceux qui vivent sur les idées anciennes ont de la peine à se faire aux vérités nouvelles, dans le domaine de l'archéologie et de la géographie tout comme dans le domaine des sciences morales, physiques et naturelles.

Cette considération m'a décidé à faire de la Tunisie centrale et de son histoire l'objet d'un travail tout spécial.

Quant à l'étude des voies romaines et des monuments du Pays Tritonique, elle trouvera place à côté de diverses considérations sur les modifications survenues à la surface du sol depuis l'époque historique, dans une publication prochaine. La haute bienveillance de M. le Ministre de l'Instruction publique m'ayant, à la suite des études que j'avais entreprises, honoré d'une mission scientifique dans la Tunisie centrale, il est tout naturel que le résultat de mes recherches soit consigné dans la publication officielle publiée sous les auspices de son Ministère, et qui résumera l'ensemble des observations recueillies par ceux qui ont coopéré à « la Mission de l'exploration scientifique de Tunisie. »

TABLE DES MATIÈRES.

CARTES.

Pages.

www.ingramcontent.com/pod-product-compliance
Ingram Content Group UK Ltd.
Pitfield, Milton Keynes, MK11 3LW, UK
UKHW020212250726
13967UKWH00003B/1418